A mis padres,
a Xanita,
a lxs que hacen posible una política cultural transformadora en Asturias.

situation room

Diseñando un Prototipo de Sala de Situación Ciudadana
Designing a Prototype of a Citizen Situation Room

Idea original / Original idea : José Pérez de Lama y Pablo de Soto
Producción / Production : hackitectura.net y WWB Soc. Coop. And.
Programación de software / Software programming : David Pello y Sergio Moreno
Diseño editorial / Editorial design : Pablo de Soto
Diseño y maquetación / Design and layout : Alejandro González y Pablo de Soto
Fotos e imágenes / Photos and images : Marcos Morilla, Julio Calvo, Enrique G. Cárdenas, Enrique Rivera, José Manuel de Soto, Pablo de Soto, Belén Barrigón, Michele Pecoraro, José Pérez de Lama
Traducciones / Translations : Nuria Rodríguez, Arteleku, LABoral
Correcciones / Corrections : Ethel Baraona, Soraya Muñoz
Publica y distribuye / Publishing and distributing : dpr-barcelona

Primera edición Junio 2010
Imprime / printed by: Anman Gràfiques del Vallès, S.L.
Número de depósito legal: B - 27.998 - 10
ISBN: 978-84-614-1504-5

http://www.laboralcentrodearte.org/exhibitions/show/59
http://situationroom.hackitectura.net
http://www.dpr-barcelona.com/

Con el apoyo de / supported by :

Gobierno del Principado de Asturias
Consejería de Cultura y Turismo

Instituto Asturiano de la Juventud

laboral
Centro de Arte y Creación Industrial

cajAstur

Sala de Situación

Habitación secreta desde la que, en situaciones de crisis, se monitorizan datos en tiempo real e "inteligencia" para la toma de decisiones.

Situation Room

Secret room to monitor "intelligence" and real time data for decision making purposes, generally in a crisis situation.

Sala de Situación de la Casa Blanca (Washington D.C.) | hacklab de La Multitud Conectada (La Rábida, 2003)
White House Situation Room (Washington D.C.) | the Connected Multitude hacklab (La Rábida, 2003)

Sala de control del S.I.V.E. (Algeciras) | laboratorio biopolítico Fadaiat (Tarifa-Tánger, 2004-005)
S.I.V.E. Control Room (Algeciras) | Fadaiat biopolitical laboratory (Tarifa-Tangier, 2004-2005)

Sala de control de la Central Nuclear de Trojan (EE.UU.) | lab temporal Geografías Emergentes (Valdecaballeros, 2007)
Trojan Nuclear Energy Plant control room (USA) | Emergent Geographies temporary lab (Valdecaballeros, 2007)

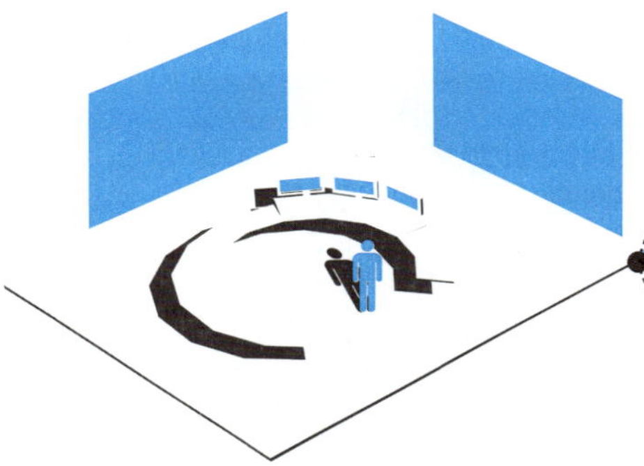

prólogo
foreword

Geografías Emergentes, Valdecaballeros (Siberia Extremeña)

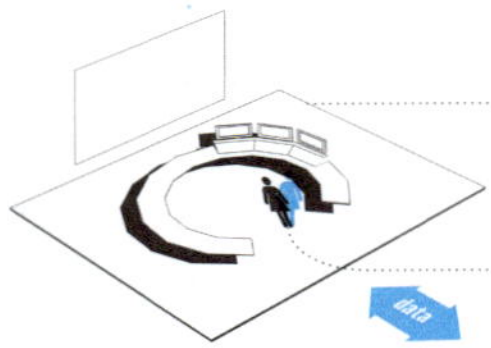

Mercedes Álvarez

Dibujando un nuevo mapa

Con Situation Room, el proyecto de Pablo de Soto ganador de la primera edición del Premio LAB_Joven_Experimenta, LABoral Centro de Arte y Creación Industrial abría el calendario de exposiciones en el año 2008. Se plasmaba de esta forma una de las convocatorias de arte emergente más ambiciosas de las promovidas por la Consejería de Cultura y Turismo, porque este premio, tanto por la dotación económica con que nacía como por la magnitud del espacio donde iba a exhibirse, suponía otra prueba sustancial de lo que han sido dos décadas de esfuerzo en este área de trabajo del Instituto Asturiano de la Juventud. Acciones y programas de raíz un tanto inconexa en sus albores (muestras, concursos, certámenes, premios, ayudas y becas) han venido a configurar un programa, *Culturaquí*, empeñado en procurar el más firme apoyo a la joven creación asturiana, inspirado en una vocación de crisol donde converjan las inquietudes y expectativas de las distintas vocaciones artísticas y emergentes de la región y consolidado por la experiencia y perspectiva con que veinte años de ejercicio continuado le han investido.

Culturaquí, en su propia nomenclatura, alude a lo que está hecho en nuestra región, por supuesto; pero nunca ha sido un instrumento volcado hacia el interior, ni proclive a sumirse en endogamias empobrecedoras. Siempre se ha enorgullecido de su vocación internacional, y por su clara apuesta por una colaboración institucional amplia y diversificada, como lo demuestran los convenios de colaboración a distintos niveles institucionales (Injuve, Comunidades Autónomas, Ayuntamientos, entidades tanto públicas como privadas) suscritos para el desarrollo de las distintas convocatorias.

En ese engranaje es donde se inscribe en 2007 el origen del Premio LAB_Joven_Experimenta. Desde

Tracing a new map

Situation Room, the project by Pablo de Soto that won the first edition of the LAB_Joven_Experimenta Prize, the LABoral Art and Industrial Creation Centre, opened the exhibition calendar for 2008. One of the most ambitious contests for emerging art of those promoted by the Cultural and Tourism Department became a reality in this way, as this prize, both due to the economic prize awarded with it from the start and the magnitude of the space where it was to be exhibited, meant more substantial proof of the two decades of effort in this area of work by the Asturian Institute for Youth. Actions and programmes with somewhat unconnected roots at the beginning (samples, competitions, contests, prizes, aids and grants) have configured a programme, *Culturaquí*, that is determined in achieving the most solid support to young Asturian creation, inspired in becoming a crucible in which all the concerns and expectations of the different artistic and emerging vocations of the region come together, all these consolidated by the experience and perspective provided by twenty years of continuous work.

Of course, its own name *Culturaquí* ("Culturehere") refers to what is done in our region; but this has never been an instrument centred on Asturias itself or tending to fall prey of an impoverishing inbreeding. It has always been proud of its international vocation and of its clear bet on wide and diversified institutional collaboration, as proven by the collaboration agreements at different institutional levels (Injuve, Autonomous Communities, Town Halls, both public and private institutions) reached for the development of the different contests.

The origin of the LAB_Joven_Experimenta Prize was registered under this type of prize in 2007. From the first moment, both the Asturian Institute for Youth

el primer momento, tanto por parte del Instituto Asturiano de la Juventud como por LABoral Centro de Arte y Creación Industrial, se apostó con decisión por abrir una nueva ruta a los jóvenes artistas experimentales, que podían presentar proyectos de instalación multimedia, acciones, intervenciones y cualquier otro proceso creativo, con la premisa de haber sido concebidos específicamente para su instalación en las Salas Plataforma.

Este premio servía para materializar el crecimiento cualitativo del programa *Culturaquí* en lo que al Instituto Asturiano de la Juventud se refiere, a la par que enlazaba decididamente con los fines programáticos de LABoral Centro de Arte y Creación Industrial de abrirse a la producción, la creación e investigación de los más recientes conceptos artísticos con carta de naturaleza astur.

Ferrán Barenblit, director del Centre d´Art Santa Mónica de Barcelona; Mónica Bello, comisaria independiente de Barcelona; Erich Berger, comisario jefe, y Rosina Gómez-Baeza, directora de LABoral Centro de Arte y Creación Industrial, bajo la presidencia del Director del Instituto Asturiano de la Juventud, Guillermo Martínez, avalaban la propuesta de Pablo de Soto, Situation Room, para convertir las Salas Plataforma en un espacio multimedia inmersivo equipado con una mesa-mueble circular de nueve metros de diámetro, quince ordenadores con sistemas operativos libres, seis vídeo proyectores, ocho pantallas de plasma y diversos controladores. Una acción a medio camino entre lo subversivo y lo artístico, entre la investigación y la constatación de diferentes realidades, complejo por sí mismo y, en consecuencia, incapaz de lograr la indiferencia de nadie. Producción de conocimiento, cartografía colectiva del territorio, Situation Room es una aproximación a la realidad a través de las nuevas tecnologías, donde el espectador (y esto es lo inquietante) tiene la oportunidad de comprender que lo que observa es cómo es observado.

Mercedes Álvarez es consejera de Cultura y Turismo del Principado de Asturias.

and the LABoral Art and Industrial Creation Centre, made a decisive bet on opening a new route for young experimental artists, who could present multimedia installation projects, actions, interventions and any other creative process, the single premise being to have been conceived specifically for their installation in the Platform Rooms.

This prize served to materialise the qualitative growth of the *Culturaquí* programme with regard to the Asturian Institute for Youth, while decidedly linking up with the programme purposes of the LABoral Art and Industrial Creation Centre to open up to production, creation and research into the most recent artistic concepts with an Asturian nature.

Ferrán Barenblit, director of the Centre d´Art Santa Mónica in Barcelona; Mónica Bello, independent commissioner in Barcelona; Erich Berger, head commissioner, and Rosina Gómez-Baeza, director of the LABoral Art and Industrial Creation Centre, under the presidency by the Director of the Asturian Institute for Youth, Guillermo Martínez, endorsed the proposal by Pablo de Soto, Situation Room, to convert the Platform Rooms into an multimedia space for immersion equipped with a circular table/piece of furniture nine metres in diameter, fifteen computers with free software operating systems, six video projectors, eight plasma screens and several controllers. An action halfway between subversion and art, between research and the confirmation of different realities, complex on its own and, consequently, incapable of leaving anyone indifferent. Being a production of knowledge, a collective cartography of the territory, Situation Room is an approximation to reality via new technologies, through which the spectator has the opportunity to understand that what he is seeing is how he is being seen (and this is what is disturbing).

Mercedes Álvarez is councillor for Culture and Tourism of the Principaliy of Asturias.

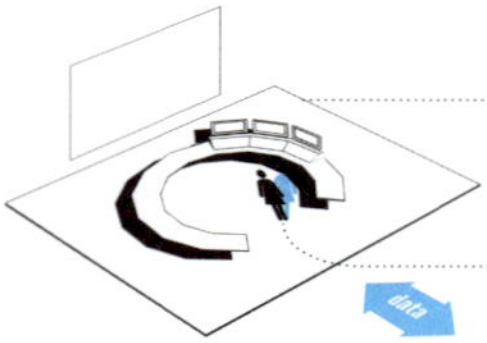

Ana L. Valdés

Geografías insumisas

El colectivo *hackitectura.net* es un colectivo híbrido, compuesto por investigadores, activistas, académicos y hackers. Ese mestizaje cultural los hace apropiarse de las nuevas tecnologías y ponerlas al servicio de propuestas de vanguardia y de insubordinación. Arte, interactividad y activismo crean redes y contactos entre mundos diversos, entre esferas y disciplinas dispares. Es un colectivo que no se deja definir por las narrativas obsoletas de una modernidad contestada, sino por el caos creativo de la posmodernidad y sus atributos, el caos y la imaginación.

A la dictadura nominativa de los mapas que definen geografías imperiales Pablo de Soto y sus colegas oponen una geografía pensada desde el sujeto de la acción, del descrito, del subalterno, usando el término utilizado por la teórica postcolonial Gayatri Spivak. El estrecho de Gibraltar fue llamado por Herodoto "Las Columnas de Hércules", los picos montañosos de Calpe y Abyla definían para los antiguos los límites del mundo conocido:

"En la confluencia del Mediterráneo y el Océano se encuentran los faros de piedra y bronce construidos por el gran rey Hércules. Están cubiertos por inscripciones y coronados con estatuas que apuntan como si dijeran: No hay camino más allá de este punto; ¡del otro lado no hay pasaje para aquellos que entran al océano desde el Mediterráneo! Ningún barco puede entrar al océano. No contiene tierras habitadas y no moran allí animales racionales. No se sabe dónde comienza ni dónde termina. Es el Mar de las Sombras, el Mar Verde, el Océano Circundante."

El estrecho de Gibraltar es aún hoy la frontera entre Europa y África, la barrera entre dos mundos en diferentes grados de desarrollo, los límites entre colonizadores y colonizados, entre naciones de límites

Insubordinate geographies

hackitectura.net is a hybrid collaborative group of researchers, activists, academics and hackers. They make use of this cultural miscegenation to engage in the appropriation of new technologies, which they place at the service of cutting-edge insubordination projects. Art, interactivity and activism come together to create networks and contacts between different worlds, between assorted spheres and disciplines. The *hackitectura.net* team refuses to be defined by the obsolete narratives of a disputed modernism, choosing to fly under the banner of the creative turmoil of postmodernism and its defining attributes: chaos and imagination.

Against the nominal dictatorship of maps that define imperial geographies, Pablo de Soto and his colleagues champion a geography based on the subject being described – the subaltern, to use the term employed by postcolonial theorist Gayatri Spivak. Herodotus called the Strait of Gibraltar the "Pillars of Hercules," and to the ancients, the mountains of Calpe and Abyla were the boundaries of the known world:

"The point where the Mediterranean meets the Ocean is marked by stone and bronze lighthouses built by the great king Hercules. They are covered with inscriptions and crowned by statues that point as if to say: there is nothing beyond me; beyond me there is no way to pass from the Mediterranean into the ocean! No ship can venture into the ocean. There are no inhabited lands, and no rational beings who dwell there. Nobody knows its beginning or its end. It is the Sea of Shadmus, the Green Sea, the Circumambient Ocean."

Even today, the strait of Gibraltar continues to symbolise the boundary between Europe and Africa. It is the barrier that divides two worlds with different

artificiales que desconocen las relaciones étnicas y lingüísticas del continente africano y las potencias coloniales que reprodujeron en África la modernidad y sus descontentos.

El estrecho de Gibraltar, hoy una de las zona más vigiladas del mundo, necesita una geografía distinta, un mapa de subversiones y de encuentros, de diálogos y de descubrimientos. La militarización de la zona crea cercos, alambradas eléctricas, torres de vigilancia, satélites espías, ejércitos de guardias y compañías privadas como Blackwater, mercenarios de la seguridad moderna. Los mapas propuestos[1] por *hackitectura.net* son mapas del nomadismo, de la resistencia, de las zonas temporalmente autónomas definidas por Hakim Bey.

Los refugiados del bosque de Benyounes[2] ejercen la misma autonomía y autogestión que los indígenas mayas en la selva Lacandona, en los caracoles zapatistas, en donde la justicia y las reglas de convivencia recuperan las herencias antiguas y los orígenes míticos.

Esas zonas en donde el poder central no existe y en donde las comunidades se dan formas propias de organización necesitan una nueva geografía y nuevos mapas. Mapas modulares y nómadas en donde las fronteras y las barreras se mezclan y se diluyen. Comunidades en donde el derecho cívico es ejercido sin estar específicamente vinculado a ciudadanías, fronteras nacionales o pertenencias étnicas o raciales. Lugare de resistencia en donde categorías como

----

1 Ver Cartografía crítica del Estrecho de Gibraltar en http://mcs.hackitectura.net/tiki-index php?page=CARTOMADIAQ, Premio LAB_Ciberespacios por LABoral Centro de Arte y Creación Industrial.

2 El bosque de Benyounes, *la fôret* como le llamaban sus habitantes, fue la última etapa de un largo viaje para miles de personas provenientes del África subsahariana. Muy cerca de la valla que separa Ceuta de Marruecos se establecían durante un tiempo variable, antes de intentar franquear el último obstáculo en su camino hacia Europa, en busca de una vida mejor. *http://www.bcnet.cc/baax/?p=162#more-162*

concepts of development. The boundary between the colonisers and the colonised, between nations divided by artificial borders that are blind to the ethnic and linguistic connections between Africa and the colonial powers responsible for reproducing Modernism and its discontents in Africa.

The strait of Gibraltar, currently one of the most highly-monitored zones in the world, requires a new geography, a map of subversions and encounters, of dialogues and discoveries. The militarization of the area has brought with it walls, electric fences, watchtowers, spy satellites, armies of guards and private companies like Blackwater, mercenaries of modern security. The cartographies[1] put forth by *hackitectura.net* are maps of nomadism, of resistance, of temporary autonomous zones as defined by Hakim Bey.

The refugees living in the Benyounes forest[2] engage in the same level of autonomy and self-management as Maya natives from the Lacandona forest in the Zapatista councils – networks in which ideas of justice and rules for cohabitation return to the roots of ancient legacy and mythical origins.

Areas which are not ruled by a central power, where communities come up with self-defined organizational forms, need a new geography and new cartographies. Modular, nomadic maps in which borders and barriers merge and dissolve, for communities that recognize civil rights but not as

----

1 See Critical cartography of the Strait of Gibraltar at http://mcs.hackitectura.net/tiki-index php?page=CARTOMADIAQ, LAB_Cyberspaces Prize by LABoral Art and Industrial Creation Centre.

2 The Benyounes forest, *la fôret*, as it was known by its inhabitants, was the final stopover for thousands of people coming from Sub-Saharan Africa and who settled very near the wall separating the Spanish city of Ceuta from Morocco for a variable period of time, before attempting to overcome the final obstacle on their way to Europe in search of a better life. *http://www.bcnet.cc/baax/?p=162#more-162*

invitados o extranjeros pierden sentido, como diría Saskia Sassen.

Esos nuevos proyectos de vida al margen de las urbes y de sus suburbios necesitan una geografía insumisa, que no respeta las órdenes del poder ni reproduce los títulos de propiedad arrebatados al común. Esas geografías insumisas necesitan nuevos mapas y nuevos geógrafos, híbridos, criaturas de la luz y de las tinieblas, intérpretes del caos y capaces de generar formas nuevas de intercambio y de colaboración.

El proceso de recopilación y ensamblado de datos e informaciones para alimentar los mapas ha sido siempre un trabajo encomendado a militares, ingenieros y navegantes. Los agrimensores franceses y españoles exploraron el mundo colonial trazando mapas, delineando fronteras y creando territorios en espacios no ocupados y no contestados.

El arquitecto israelí Eyal Weizman habla de geografías verticales y de centros de poder basados en mapas y en fronteras, como decía el antiguo ministro Ariel Sharon, se trata de crear "hechos sobre el terreno", geografías impuestas desde la autoridad.

Situation Room es también parte de la estrategia de la obtención de datos y de su manejo. La Segunda Guerra Mundial fue la matriz social y técnica de nuestras modernas computadoras. Teóricos como Alan Touring y Grace Hopper trabajaron buscando descifrar los códigos con los que la Alemania nazi comunicaba sus órdenes.

El laboratorio en donde estos datos se elaboran y se procesan se convirtió en el cerebro y el corazón del aparato técnico-militar, un lugar más allá del espacio y del tiempo, una red de relaciones y de intercambios en donde la lingüística y la matemática crearon nuevos lenguajes.

La sociedad de control absoluto y de vigilancia permanente descrita por George Orwell, Aldous Huxley y William Gibson, y que quizás tenga su visión escénica

specifically linked to citizenship, national borders, ethnicity or racial ascriptions. Places of resistance where categories such as "guest" or "foreigner" mean nothing, as Saskia Sassen would put it.

These new projects for life outside cities and their outlying areas require an insubordinate geography, one that openly disregards orders from the powers-that-be and property deeds taken away from communities. These insubordinate geographies need new maps and new geographer-hybrids, dwellers of light and shadows, interpreters of chaos who are capable of generating new forms of exchange and collaboration.

The military, engineers and navigators have always been entrusted with the process of compiling and assembling the data and information that generate maps. French and spanish surveyors explored the colonial world, drawing maps, establishing borders and creating territories in unoccupied and unclaimed spaces.

Israeli architect Eyal Weizman talks about vertical geographies and centres of power on the basis of maps and frontiers. As the country's former Prime Minister Ariel Sharon used to say, it's all about creating "facts on the ground", geographies imposed by authority.

Situation Room is also part of a strategy involving data collection and handling. World War II was the social and technical matrix for our modern computers. Thinkers such as Alan Turing and Grace Hopper channelled their energies into deciphering the codes used by Nazi Germany to transmit orders.

The laboratory where those data were developed and processed became the brain and heart of the technical-military apparatus: a place beyond space and time, a network of relationships and interchanges in which linguistics and mathematics generated new languages.

más completa en la película Blade Runner, tiene hoy mecanismos como el Proyecto Echelon, en donde una capa de satélites espías envían a una cadena de "Salas de Situación" datos que son usados para modelar campañas militares (Guerra contra la droga en Colombia, localizacion de celulas de Al Qaeda en Afganistán, control de la selva yucatana, etc.) que debilitan el tenue tejido de la sociedad civil.

El proyecto de una Sala de Situación alternativa, basada en la transmisión horizontal de los datos y el proceso de los mismos es un espacio nuevo de resistencia y de creación. Los arquitectos, ingenieros y hackers abocados a este trabajo deconstruyen el espacio autoritario y los modelos decimonónicos homogénicos. En la diversidad y en el encuentro de modelos paralelos y de otras sociedades posibles se sustituye la clasificación de Carl Linneaus[3] y de su modernidad por una posmodernidad más humana y más lúcida, capaz de negociar con lo imprevisto y de sugerir memes más adecuados a una memoria cada vez más llena de datos e informaciones.

Ana L. Valdés es escritora, activista y antropóloga social. Trabaja en el tema de fronteras, representación, ciudadanía y cultura cibernética. Vivió varios años en el colectivo anarquista Comunidad del Sur y está muy comprometida con la causa palestina.

The society of total control and constant surveillance described by George Orwell, Aldous Huxley and William Gibson, and perhaps best brought to life in Blade Runner, currently turns to *dispositifs* like Project Echelon, in which a series of spy satellites transmit data to a chain of Situation Rooms. These are then used to model military campaigns (anti-drug war in Columbia, locating Al Qaeda cells in Afghanistan, controlling the Yucatan jungle, etc.), weakening the fragile fabric of civil society.

The project to set up an alternative Situation Room based on the horizontal transmission and processing of data entails a new space for resistance and creation. The architects, engineers and hackers committed to this type of project are deconstructing the authoritarian space and homogenic models of the 19th century. In their diversity, and in the convergence of different alternative models and of other possible societies, they replace Carl Linneaus's[3] model of Modernism and classification with a more human, more lucid Post-Modernism that can negotiate the unpredictable, and suggest memes that are better suited to a memory consisting of increasingly high levels of data and information.

Ana L. Valdes is a writer, activist and social anthropologist. She workes on the issue of borders, representation, citizenship and cybernetics. She lived several years in the South Community anarchist collective and is very committed to the Palestinian cause.

----

3 Carl Linneus (1707-1778), fue un científico y naturalista sueco que sentó las bases de la taxonomía moderna.

----

3 Carl Linnaeus (1707-1778), the swedish scientist and naturalist who laid the foundations of modern taxonomy.

presentación
introduction

dom 20 de ene, 19:22
Tasks: 76 total, 1 running
Load average
Uptime: 01:28:48
PID USER PRI NI VIRT RES SHR S CPU% MEM% TIME+ Command
htop
/sbin/init
/sbin/syslogd

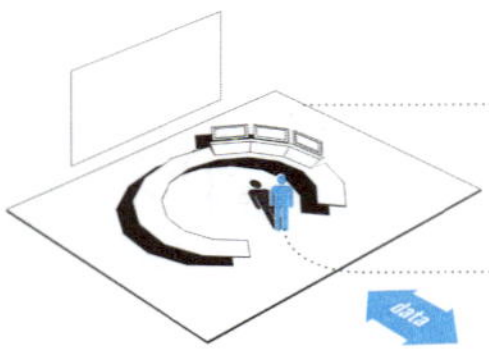

Diseñando un Prototipo de Sala de Situación Ciudadana

Salas de Situación es el nombre de las habitaciones secretas desde las que, en situaciones de crisis, se monitorizan datos del ambiente y se toman decisiones. Tienen su génesis en el contexto de la Segunda Guerra Mundial con la invención de los ordenadores, la digitalización y la colaboración de arquitectos y militares. Se trata de habitaciones equipadas con pantallas y paneles de datos que se emplean para monitorizar desde los flujos en la frontera del estrecho de Gibraltar hasta los procesos de fisión del átomo en una central nuclear o los dispositivos para la vida de la Estación Espacial Internacional.

Con la invención y expansión de Internet y el boom de los ordenadores personales, se produce cierta democratización del acceso a las tecnologías de captación y visualización de datos. Esto ha posibilitado la consecución de diversas experiencias de Salas de Situación desde la sociedad civil, con la forma de laboratorios mediactivistas temporales influenciados principalmente por las ideas de la cibernética y los medios del software libre.

Nuestra propuesta consistió en una instalación y unos procesos que, usando como caso de estudio el territorio asturiano, presentaran estas reflexiones al público, invitándolo a participar en un experimento -simulación de Sala de Situación de vocación abierta- que posibilitara la producción de conocimiento común entre artistas, geógrafos, arquitectos, biólogos, economistas, informáticos, críticos...

Designing a Prototype of a Citizen Situation Room

The term "Situation Room" is normally used to designate a secret place used in times of crisis to assess and monitor data for decision making purposes. Its origins can be traced back to World War II with the invention of computers, digitalization, and the collaboration of architects and the military. These rooms are equipped with monitors and data boards used to control everything from flows crossing the strait of Gibraltar to nuclear fission processes in Nuclear Power plants and the life support mechanisms on board the International Space Station.

The invention and spread of the Internet and personal computers led to a kind of democratization of access to data collection and display technologies. This enabled several Situation Rooms to be set up by civil society, as temporary mediactivist laboratories mainly influenced by cybernetic ideas and the free software phenomena.

Our project involves setting up an installation and processes that, taking Asturias as a case study, can present these reflections to the public, invite people to participate in this experiment -simulation of an open Situation Room-, and ultimately promote the production of common knowledge among artists, geographers, architects, biologists, economists, computer specialists, critics and the general public, in relation to the issues at hand.

Antecedentes

El proyecto Sala de Situación es la destilación de las experiencias de hackitectura.net desde el año 2003 en el diseño y puesta en funcionamiento de diversos hacklabs temporales: *Pure Data Beta Rave* en la estación abandonada del Ave en Sevilla, *Okupa Futura: Ciudad Disidente* en el Centro Cívico Federica Montseny en Corvera de Asturias, *La multitud conectada*, medialab con conexión satelital en La Rábida, Huelva (2003), *Fadaiat: libertad de movimiento, libertad de conocimiento* en ambas orillas del estrecho de Gibraltar (2004 y 2005) y *Geografías Emergentes* en la Siberia Extremeña (2007).

Un hacklab o medialab temporal es un espacio equipado para la experimentación y la investigación con tecnologías audiovisuales y de la información y la comunicación; montado de forma efímera por artistas y hackers, para encuentros culturales y políticos. Estos espacios han abierto un amplio espectro a la imaginación de nuevos espacios y formas de habitar.

La Multitud Conectada fue un prototipo de espacio público conectado, producido por una red de activistas, artistas y técnicos, en el que empleando diversas tecnologías como la conexión satelital bidireccional, el wifi (entonces incipente) o el streaming con software libre, - con conexiones en tiempo real con México DF, Bogotá, Paris o el Viso del Alcor -, creábamos un espacio a la vez local y global, digital y analógico.

En *Fadaiat*, que llevamos a cabo en el marco de la red Indymedia Estrecho (una plataforma de comunicación independiente y producción biopolítica en la que hackitectura participa activamente), desarrollábamos el mismo concepto pero centrándonos en la producción de una geografía cíborg (agenciamiento de espacios, redes sociales y flujos electrónicos), que se situaba, además, en un nodo geopolítico singular y conflictivo, como es la frontera que une/separa Europa y África en el estrecho de Gibraltar.

Background

Situation Room is a distillation of several projects developed by hackitectura.net since 2003, involving the design and implementation of several temporary hacklabs: *Pure Data Beta Rave* in the abandoned AVE station in Seville, *Okupa Futura: Ciudad Disidente"* in the Civic Centre Federica Montseny in Corvera de Asturias, *La multitud conectada*, a medialab with a satellite connection in La Rábida Huelva (2003), *Fadaiat: freedom of movement, freedom of knowledge* on both sides of the border of the strait of Gibraltar (2004 and 2005), and *Emergent Geographies* in Extremadura (2007).

A temporary hacklab or medialab is a space equipped for experimentation and research with audiovisual, information and communication technologies, temporarily set up by artists and hackers for cultural and political events. These spaces have opened up a wide spectrum for imagining new spaces and ways of living.

The Connected Multitude was a prototype for a networked public space, produced for a network of activists, artists and technicians. Using technologies such as a bi-directional satellite connection, wifi (in its infancy at the time) and streaming with free software, - with real time connections to México DF, Bogotá, Paris or El Viso del Alcor -, we created a space which was both local and global, digital and analog.

In *Fadaiat*, which took place in the framework of the Indymedia Estrecho network (an independent production platform and biopolitical production in which hackitectura actively participated), we developed a similar concept, but focused on the production of a cyborg geography (conceived of spaces, social networks and electronic flux), which was located at a singular and antagonistic geopolitical node: the frontier that links/separates Europe and Africa in the strait of Gibraltar.

En *Fadaiat*, que tuvo ediciones en 2004 y 2005, se disponía un medialab distribuido, con una parte en el Castillo de Tarifa (España) y la otra en el Marshan de Tánger (Marruecos), conectados entre sí por una conexión wifi. Esta conexión, producida por una red de hacktivistas de ambas orillas, era además la primera conexión wifi que se hacía entre dos continentes, al menos la primera gestionada desde entornos ciudadanos. Nos gusta destacar cómo el enlace atravesaba un espacio densamente controlado y monitorizado, con el que pretendíamos de alguna manera dialogar.

El SIVE (Sistema Integrado de Vigilancia Exterior) que comienza a instalarse en esta zona hacia el 2002, constituye el primer intento de fortificar una frontera con medios electrónicos, y Fadaiat se concebía como una especie de espejo crítico de éste.

Muy específicamente Sala de Situación es la continuación del medialab temporal que hackitectura.net diseñó y puso en práctica en *Geografías Emergentes* (2007), que tuvo lugar en el entorno de la Central Nuclear de Valdecaballeros, situada en una región española denominada la Siberia Extremeña. Debido a la oposición social, la central fue parada hace 25 años, antes de entrar en funcionamiento, y desde entonces permanece abandonada, dominando el paisaje de la dehesa como una ruina post-nuclear.

Tomando la apuesta del gobierno regional por un desarrollo basado en el conocimiento (es la primera región del mundo que optó institucionalmente por el software libre) y la sostenibilidad, decidimos simular el puesto de control de la central nuclear como un laboratorio participativo para reflexionar y hacer propuestas para la reutilización de la central en otro marco económico-productivo y a partir de otras subjetividades.

El medialab se situaba en medio del campo, rodeado por ovejas, pero estaba conectado a Internet por una antena satelital y dotado de ordenadores y sistemas de proyección. Una cúpula geodésica hacía a la vez

In *Fadaiat*, which was held in 2004 and 2005, we constructed a distributed medialab that was partly located in the Castillo de Tarifa (Spain), and partly in the Marshan, in Tangier (Morocco), linked by wifi connection. This connection, set up by a network of technicians and activists from both parts of the Strait, was also the first wifi connection ever between the two continents, or at least the first one managed by hackers and activists. We like to highlight the fact that the link crossed a densely controlled space, a space with which we were trying to communicate in one way or another.

The SIVE (External Surveillance Integrated System), which had started to take root in the area since 2002, constitutes the first attempt to fortify the frontier with electronic tools, and Fadaiat was conceived as a kind of critical mirror to it.

More specifically, Situation Room is the continuation of the temporary medialab that hackitectura.net designed and set up in *Emerging Geographies* (2007), which took place near the nuclear power plant of Valdecaballeros, in a Spanish region known as "Siberia Extremeña". Society's opposition to the power plant brought the project to a halt 25 years ago, before it even started operating, and since then it has been abandoned. In now dominates a harsh landscape of steppes, like a post-nuclear ruin.

Taking up the challenge of the regional government's call for development based on knowledge (we are talking about the first region in the world in which public institutions chose to work with free software) and sustainability, we decided to simulate a takeover of the nuclear plant as a participatory lab, in order to spark reflection and come up with proposals regarding the re-use of the power plant in a different economic and production context, and arising from other groups or individuals.

The medialab was located in the middle of the field, surrounded by sheep, but it was connected to the Internet by a satellite antenna and equipped with computers and display systems. A geodesic dome

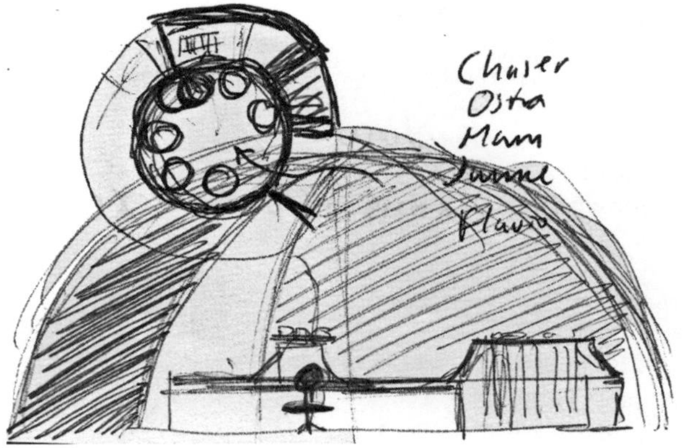

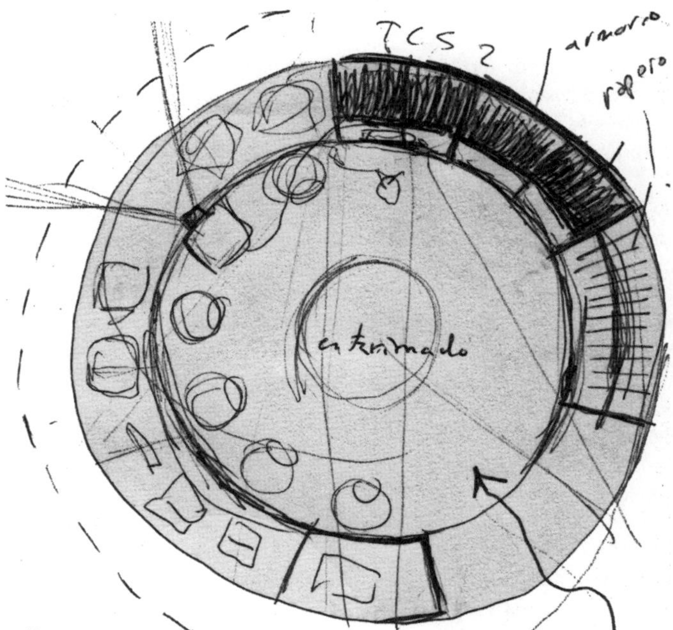
TCS 2

de cubierta y de soporte para proyecciones. Hecha de material textil blanco funcionaba desde el interior como una interfaz inmersiva, y desde el exterior como una lámpara mágica en medio de la noche. Los diferentes acontecimientos que se sucedieron en el medialab (presentaciones, debates, talleres, actuaciones) eran retransmitidos en tiempo real a la red, y también hubo participantes remotos vía streaming.

A su vez, *Geografías Emergentes* incluía como elemento importante la participación de jóvenes locales (se seleccionaron por concurso 10 proyectos para ser llevados a cabo en torno al lab) y la participación de niños y personas adultas de Valdecaballeros, tanto en talleres como en actos festivos.

Sala de Situación

Sala de Situación supuso el siguiente prototipo, donde intentamos combinar las ideas de medialab y media room, y presentar las anteriores experiencias en un marco más estrictamente artístico e institucional.

Nosotros entendemos la Sala de Situación en LABoral Centro de Arte y Creación Industrial más como una simulación que como un verdadero dispositivo que científicamente haga minería y proceso de datos, para lo cual habría que plantear un proyecto más duradero. La principal información que hemos venido mostrando y discutiendo, por lo menos en la primera parte del proyecto, ha sido la presentación del concepto en sí, su origen y la proliferación en su uso por los poderes de mando y control, y el potencial y las posibilidades de hackear las salas de situación con el fin de hacerlas funcionar con otros objetivos.

Las Salas de Situación son, por un lado, dispositivos conectados a sistemas y contextos complejos, donde los procesos no son lineales. Con el fin de tomar decisiones y actuar en estas situaciones, los diferentes organismos (personal militar, gobiernos, empresas, policía...) tienen que vigilar y monitorizar continuamente la realidad y establecer un circuito de

acted as a shelter and as a screen for projections. Made of white fabric, it worked as an immersive interface from the inside, and like a magic lantern in the middle of the night from the exterior. The events that took place in the lab (presentations, debates, workshops, performances) were broadcast live on the net and we also had remote participants via streaming.

An important element of *Emergent Geographies* was the participation of young people from the area (a competition selected 10 projects to be implemented in the lab), and also of children and adults from Valdecaballeros who participated in the workshops and festive events.

Situation Room

Situation Room was the next prototype in which we attempted to combine the ideas of a media lab and media room, and to present the previous experiences in a more artistic and institutional context.

We saw the Situation Room at LABoral Art and Industrial Creation Centre as a simulation more than an actual device to scientifically mine and process data, for which a more long term project is needed.
The main information that we have showed and discussed, at least in the first part of the project, has involved the presentation of the concept, its origins and its increasing use by command and control powers, and the potential of hacking situation rooms in order to make them perform in line with alternative goals.

On one hand, Situation Rooms are devices connected to complex contexts involving non-linear processes. In order to make decisions and act in these situations, the different agencies (military staff, governments, business, police...) need to continuously monitor reality and establish a permanent feedback loop between the situation and their actions.

The processing of data sets extracted from complex systems needs new forms of processing and evaluation

retroalimentación permanente entre ésta y sus propias acciones.

El tratamiento de los conjuntos de datos extraídos de sistemas complejos necesitan de nuevas formas de procesamiento y evaluación, que tienen que ver con la visualización de datos. Por otra parte, las salas de situación sólo tienen sentido si las entendemos como embebidas en redes, que comprenden por lo menos dos áreas principales, una zona de los sensores (que captura datos) y de una zona de actuadores, que permite estrategias y decisiones a realizar.

Nuestras ideas fueron utilizar la Sala de Situación como un espacio y tiempo para debatir estas cuestiones, y en particular la posibilidad de convertirlo en un "multitudinario" dispositivo, que es la posibilidad de utilizarlo para potenciar la acción de las redes sociales, en lugar de los poderes centrales.

Una de las preguntas que nos hemos hecho a nosotros mismos es, entonces, qué tipo de datos sería interesantes para una sala de situación. Con el fin de avanzar en esta dirección, se celebró una taller con la Bureau d'Etudes, el equipo francés de investigadores conocido por sus cartografías del capitalismo, las relaciones de poder y la producción. Parece que de alguna manera, más allá de los datos que se cuantifican, una sala de situación de este tipo debería producir diferentes imágenes del sistema, que a su vez posibiliten y permitan otros deseos y objetivos.

En este taller se inició el estudio de diferentes proyectos de cartografías críticas, y después los participantes se centraron en Asturias, la región en la que el taller que estaba sucediendo, haciendo una lista de posibles temas para la cartografía (elaborado de las categorías o canales para el mapa de: puntos nodales, amenazas, oportunidades y recursos, y acontecimientos). Esto nos ha permitido elaborar un mapa preliminar de la región, de alguna manera un mapa estratégico, que debe guiar el futuro de minería de datos - y podría además trabajar como herramienta de comunicación y coordinación -.

that are linked to cartography and data visualization. On the other hand, situation rooms are only meaningful if we understand them as embedded within networks, which comprise at least two main areas – a sensors area (that captures data) and an actuators area, which allows strategies and decisions to be carried out.

Our ideas were to use Situation Room as a space and time in which to discuss these issues, and particularly the possibility of turning them into a "multitudinary" device, that is, the possibility of using them to empower the action of social networks, rather than central powers.

Given the above, one of the questions we asked ourselves was what kind of data would a situation room such as ours be interested in. In order to explore this further, we held a workshop with Bureau d'Etudes, the French team famous for their cartographies of capitalism, power and production. It seemed that somehow, before, or beyond, quantifying data, a situation room of this sort should produce different images of the system, that would enable other desires and goals.

In this workshop we looked at different critical mapping projects, and then participants made a list of possible mapping subjects (worked out of the ideas of nodal points, resources, threats and opportunities), focusing on Asturias, the region where the workshop was taking place. This allowed us to produce a preliminary map of the region, a strategic map in a sense, that could guide future data mining and also work as a communication and coordination tool.

There was a small but intense group of participants, made up of artists, architects, techies and activists. In the opening sessions we had remote participants from Barcelona and Malaga, whose images occupied one of the walls of the room. The sessions were streamed through GISS (a global independent streaming support network) so that they could be accessed by anybody connected to the Internet.

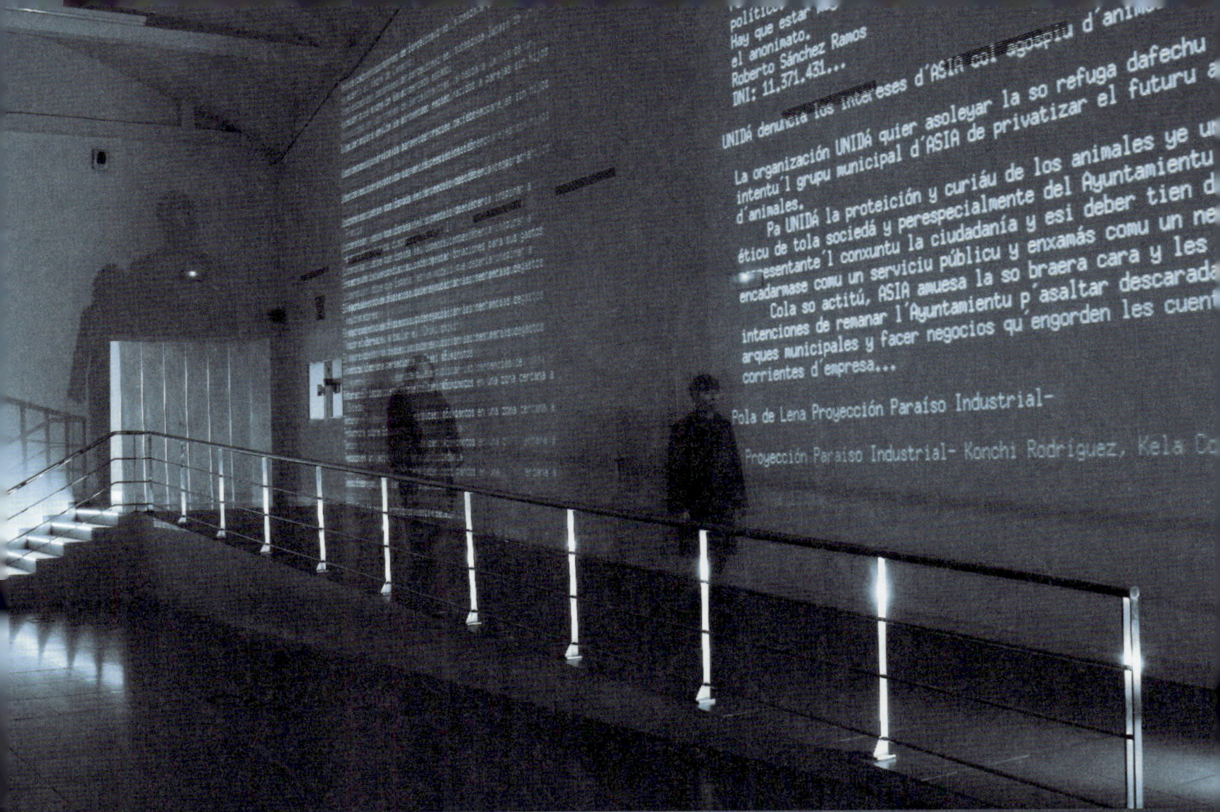
el anonimato,
Roberto Sánchez Ramos
DNI: 11.371.431...
La organización UNIDÁ quier asoleyar la so refuga dafechu
intentu'l grupu municipal d'ASIA de privatizar el futuru
d'animales.
Pa UNIDÁ la proteición y curiáu de los animales ye
éticu de tola sociedá y perespecialmente del Ayuntamientu
representante'l conxuntu la ciudadanía y esi deber tien
encadarmase comu un serviciu públicu y enxamás comu un
Cola so actitú, ASIA amuesa la so braera cara y les
intenciones de remanar l'Ayuntamientu p'asaltar descarada
arques municipales y facer negocios qu'engorden les
corrientes d'empresa...
Pola de Lena Proyección Paraíso Industrial-
Proyección Paraíso Industrial- Konchi Rodríguez, Kela
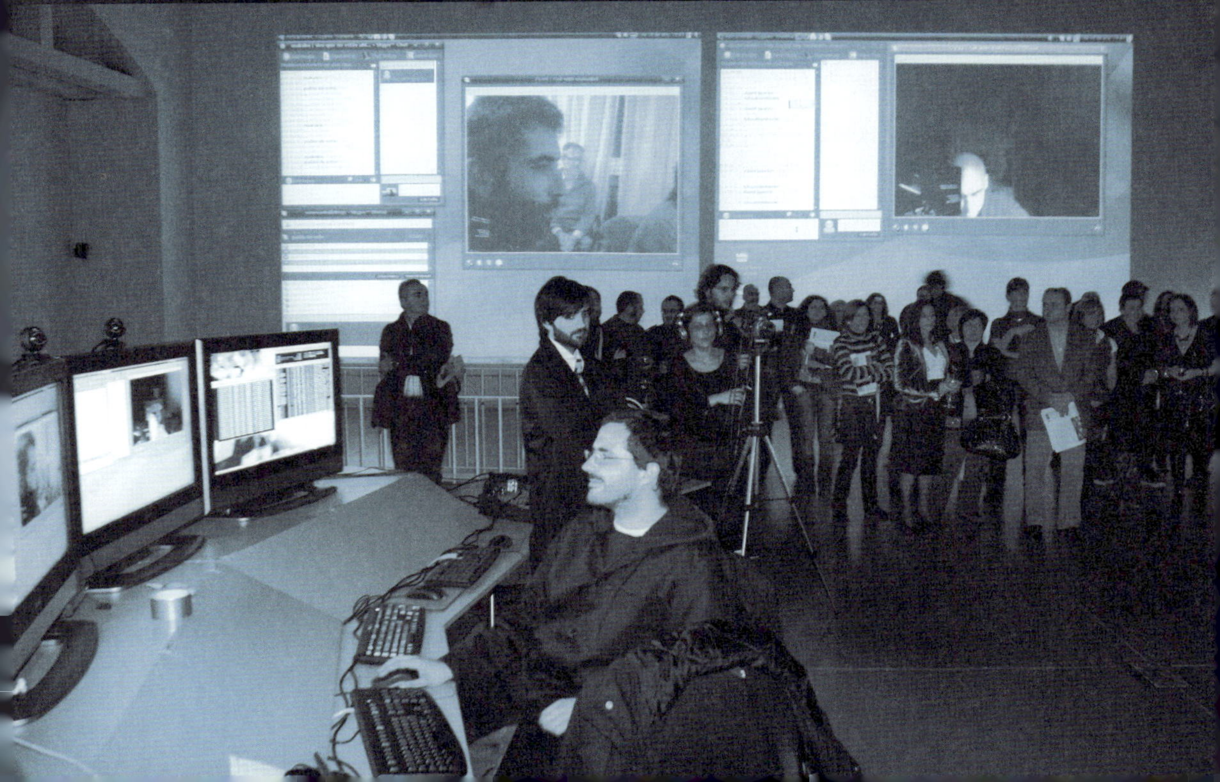

En el taller tuvimos una pequeña pero intensa participación, compuesta por artistas, arquitectos, técnicos y activistas. En la apertura de las sesiones tuvimos participantes remotos desde Barcelona y Málaga, cuyas imágenes ocuparon una de las paredes de la sala. Las sesiones fluyeron a través de GISS (una red mundial de software libre para streaming).

Otra forma de participación es automática a través de feeds rss. Feeds de los medios de comunicación, sobre todo independientes, que se procesan y permanentemente proyectados en varias de las pantallas grandes en la sala, presentando un panorama de las cuestiones de actualidad en Asturias.

El segundo taller trató sobre un proyecto que nos parece muy estrechamente conectado con el nuestro: Cybersyn. Cybersyn era una red desarrollada en Chile entre 1970 y 1973 bajo el gobierno socialista de Salvador Allende (Cybersyn se presentó en Transmediale, justo después de Sala de Situación). Un equipo de jovenes *techies* chilenos colaboraron con el pionero de la cibernética, el británico Stafford Beer, para desarrollar un sistema a escala Chile para coordinar las industrias nacionalizadas.

El objetivo del proyecto, sin embargo, no era controlar las fábricas y los trabajadores, sino regular la red como un organismo vivo, donde la autonomía de las diferentes células es compatible con el funcionamiento general del organismo. Por supuesto, el golpe de estado derechista no permitió que el proyecto se completara, pero sus promesas son aún de gran atractivo. Uno de los intereses de este taller fue hacer realidad el potencial social de la idea - que sorprendentemente fue diseñado de manera casi simultánea a la propia Arpanet (1969).

En lugar de tener miedo de las tecnologías de control y en general, pensamos que la investigación y la creatividad deben ser aplicadas a la apropiación social de los mismos; incluso pensar que la fuente de la creatividad tecnológica, como demuestra Cybersyn, se encuentra más bien en la cooperación social, y que es

Another way of rather automated participation was through rss feed. Feeds form relevant media, especially independent channels, were processed and constantly projected onto several of the large screens in the room, presenting an overview of current issues in Asturias.

The second workshop dealt with a project which we feel has very close links to our own, Cybersyn. Cybersyn was a network developed in Chile between 1970 and 1973 under the socialist government of Salvador Allende (Cybersyn was presented at Transmediale, right after Situation Room). A very young team of Chilean techies collaborated with British cybernetics pioneer Stafford Beer to develop a Chile-wide system to coordinate nationalized industries.

The aim of the project, however, wasn't to control factories and workers, but to regulate the network as a living organism, where the autonomy of the different cells was compatible with the overall functioning of the organism. The right wing *coup d'etat* obviously didn't allow the project to be completed, but its promise are still highly appealing. One of the interests of this workshop was to implement the social potential of the concept – which was, astonishingly designed almost simultaneously with Arpanet itself (1969).

Rather than being afraid of control, and technologies in general, we prefer to think in terms of social appropriation and implementation with research and creativity; we even think that, as Cybersyn shows, the source of technological creativity actually lies in social cooperation, and that it is only later captured by the military or capitalism.

One of our aims was to advance in the design and experimental implementation of a situation room that could actually be used in the context of social movements, for special events, strategic planning and organizing.

We believe that it should eventually involve an interconnected multiplicity of situation rooms, embedded in networks of "biopolitical labs," such as

sólo más tarde cuando es capturada por los militares o el capitalismo.

Creemos que uno de nuestros objetivos es avanzar en el diseño y la experimentación de una sala de situación que pueda ser efectivamente utilizada en el contexto de los movimientos sociales, para eventos especiales, planeamiento estratégico y organización.

Entendemos que debería ser más bien una multiplicidad de salas de situación conectadas, embebidas en las redes de "laboratorios biopolíticos" como centros sociales y culturales de gestión ciudadana, medios de comunicación y grupos de investigación independientes, y tambien, por que no, conectadas a iniciativas de gobierno transparantes.

De alguna forma cualquier persona equipada con televisión, acceso a Internet, teléfono móvil y un ordenador, tiene una sala de situación personal en el hogar, pero nos gustaría seguir investigando la forma en que la combinación de medialabs hacktivistas, habitaciones multimedia, cartografía participativa y las emergentes minería de datos y tecnología de visualización pueden potenciar la acción social.

hackitectura.net está compuesta en su kernel por Sergio Moreno, José Pérez de Lama y Pablo de Soto.

autonomous cultural & social centers and independent media and research groups, and also, why not, connected to transparent government initiatives.

In a sense, nowadays anyone equipped with a tv set, Internet, mobile phone and computer, has a personal situation room at home. But we would like to go on researching the ways in which the combination of hacktivist medialabs, multimedia rooms, participatory cartography and emergent free software data mining and visualization technologies, can empower social action.

hackitectura.net is composed at the kernel by Sergio Moreno, José Pérez de Lama y Pablo de Soto.

conferencias
lectures

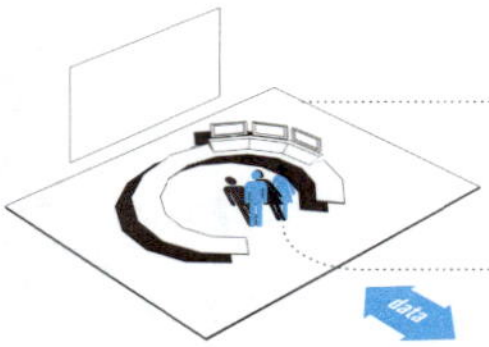

Representando el Sistema

La invención de las latitudes y longitudes, la adopción de unas coordenadas regulares de medición frente a las irregularidades del paisaje terrestre, constituyó un instrumento fundamental para el control de los territorios y, sobre todo, de las rutas oceánicas, tan importantes en la construcción de un capitalismo globalizado durante el siglo XVII. La combinación de esta racionalización del espacio con una racionalización del tiempo (plasmada en la secuenciación de las doce horas del reloj) dio lugar a un vasto sistema gráfico tridimensional: un mapa de zonas horarias que hizo posible la sincronización de actividades en todo el planeta.

Este artificio gráfico no fue sino un elemento más de un conjunto de herramientas nacidas con el surgimiento del estado racional. Los órganos concebidos para percibir desde la distancia la complejidad social permitieron al estado "ver" el pasado y el presente y, en consecuencia, prever y programar el futuro. Por ejemplo, hacia finales del siglo XIX, Playfair introdujo el gráfico de barras y el diagrama de sectores; el siglo XIX fue también testigo, en 1828, de la aparición de las curvas de mortalidad de Quételet y de las pirámides de edad de Walker en 1874, que fueron seguidas por la del cartograma en 1882. Las estadísticas gráficas hicieron posible abarcar de un vistazo el conjunto de la sociedad con el objetivo de comparar y contrastar todos los elementos que la componen y efectuar así cálculos de previsión. De hecho, contribuyeron al declive del régimen hegemónico de discurso y a su sustitución por una dictadura de hechos comprobados que se configuró como la auténtica base de la planificación social, de la seguridad social y de la contabilidad nacional, siendo, al hacerlo, decisivos en la consolidación de la sociedad exactamente igual que lo fueron las constituciones políticas y los textos escolares estandarizados.

Representing the System

The invention of latitudes and longitudes, establishing a regular grid of measurement upon the ups and downs of the earth's landscape was an crucial tool in the mastery of territories and above all of the ocean routes, which were so important in the construction of globalised capitalism in the seventeenth century. Meshing this rationalisation of space with the rationalisation of time (sequenced in the twelve hours of the clock), produced a vast three-dimensional graphic system, a map of time zones that made it possible to synchronise activities the planet over.

This graphic device was merely one component amongst a whole set of tools that developed with the emergence of the rational state. The long-distance organs of perception of social complexity enabled the state to "see" the past and the present and, consequently, to foresee and programme the future. Toward the end of the eighteenth century, for instance, Playfair introduced the bar graph and the sector diagram. The nineteenth century saw the appearance of Quetelet's death curves in 1828, Walker's age pyramids in 1874, followed by the cartogram in 1882. Graphic statistics made it possible to encompass in a glance the society as a whole, to compare and contrast all the objects comprising it, and hence to make calculated forecasts. They contributed, in fact, to the decline of the hegemonic regime of discourse and its replacement by a dictatorship of measured facts – which would be the very foundation of social planning, social security and national accountancy. In so doing, they consolidated society in the same way as political constitutions and standardised school textbooks would do.

Whereas the administrative delineation of territory was achieved through the use of geographical maps and the administrative delineation of society through diagrams, the self-representation of the administration

Pero mientras que el uso de mapas geográficos permitió el trazado administrativo del territorio y el de diagramas el dibujo administrativo de la sociedad, la auto-representación de la administración fue resultado del empleo de diagramas de flujo y organigramas, una particular forma de representación que tiene su origen en la organización militar. Introduciendo racionalidad en el diseño organizativo de los ejércitos napoleónicos, el general alemán von Moltke estructuró el ejército en una serie de divisiones estandarizadas basadas en el tamaño, la instrucción y la estructura, equipándolas con gestores intercambiables que habían recibido una formación uniforme en las academias militares.

Este sistema a base de divisiones fue copiado por la totalidad de las naciones industrializadas e incluso mejorado gracias a la incorporación de las nuevas tecnologías de telefonía y telegrafía. Sin ir más lejos, el sistema administrativo de la factoría Ford se inspiró en gran medida en el ejército prusiano, con sus planes logísticos, reglas y procedimientos, su base meritocrática y el desmenuzamiento de los problemas hasta llegar a sus elementos más simples. La burocracia militar utilizada por Ludendorff para movilizar los recursos alemanes durante la Primera Guerra Mundial (el plan Kriegswirtschafts o el plan de economía de guerra) era prácticamente idéntico al sistema administrativo de la Ford. El Gosplan, diseñado para implementar objetivos de planificación estratégica de largo alcance en la Unión Soviética fue, en sí mismo, una adaptación del plan de economía de guerra alemán.

La creciente racionalización social y la emergencia del estado tecnocientífico condujo a nuevos modos de modelización, cuyo desarrollo se vería considerablemente impulsado por las dos guerras mundiales del siglo XX. La planificación centralizada de los medios de producción llevada a cabo por el estado soviético, pero también por los británicos y norteamericanos durante la II Guerra Mundial, hizo posible la hegemonía militar sobre la planificación centralizada de los estados germano y japonés. Gran Bretaña puso en funcionamiento la National Accountancy Table, que tenía el objetivo de indicar cuantitativamente las

came about through the use of flow charts and organigrams. This particular form of representation stems from the organisation of the military. Streamlining the organisation of the Napoleonic armies, German General von Moltke organised the army into standardised divisions on the basis of their size, training and structure, equipping them all with interchangeable managers who had received uniform training in military academies.

This divisionary system was copied by all the industrialised nations and improved still further through the integration of new telephone and telegraph technologies. The administrative system of the Ford factory largely drew its inspiration from the Prussian army with its logistical plans, its rules and procedures, its merit principle, and the breaking down of problems into their simplest components. The military bureaucracy used by Ludendorff to mobilise German resources during World War One (the Kriegswirtschafts plan, or war-economy plan) was virtually identical to Ford's administrative system. The Gosplan, devised to implement long-range strategic planning objectives in the Soviet Union, was itself an adaptation of the German war-economy plan.

The growth of social rationalisation and the emergence of the technoscientific state led to new modes of modelisation, whose development was greatly invigorated by the twentieth century's two world wars. Centralised planning of the means of production carried out by the Soviet state, as well as by the British and American states in the course of World War Two, made it possible to prevail militarily over the centralised planning of the German and Japanese states. In Great Britain, the National Accountancy Table was developed in order to indicate in quantitative terms the conditions of British policies of resistance and victory over Germany. In parallel, the Input-Output Inter-Industrial Trade Table, showing the interdependencies between the different sectors of production, linking input (production factors) with output (products), was established in 1941 in the United States by Leontieff. General theories of balance and the social system thus became key planning instruments.

condiciones de resistencia y victoria de las políticas implementadas por los británicos contra Alemania. Junto a ella, en 1941 Leontieff ponía en marcha en los Estados Unidas la Input-Output Inter-Industrial Trade Table, que mostraba la interdependencia existente entre los diversos sectores productivos, relacionando input (factores productivos) y output (productos). Con ellos, las teorías generales de balance y sistema social se convirtieron en instrumentos básicos de planificación.

Tras la II Guerra Mundial, se asistió, una vez más, a un fortalecimiento de la planificación central a gran escala gracias, en aquel momento, al advenimiento de los ordenadores, que incrementaron considerablemente las capacidades de modelización. Los programas de proceso de datos hicieron posible integrar, primero decenas, y luego centenares de ramificaciones de las tablas de input-output. Unas tablas cuyo uso se generalizó dentro de los sistemas de contabilidad nacional a comienzos de la década de los sesenta gracias a las organizaciones internacionales (ONU, OCDE), convirtiéndose en consecuencia, en todas las regiones sometidas al control norteamericano, en instrumento para la normalización y estandarización de las políticas económicas.

Hayek criticó esas políticas de planificación estatal, alegando que conducían a una situación "no demasiado diferente a la de la esclavitud". Bebiendo en las descrip-ciones del investigador del cerebro Constantin von Monakow sobre el funcionamiento de la mente humana como emergencia de un orden espontáneo basado en la interacción de miles de millones de neuronas – con la experiencia encargándose de seleccionar aquellas interacciones que resultan más útiles para la adaptación a un entorno dado – Hayek reivindica un orden socioeconómico auto-organizado y espontáneo que sería fruto "de la relación y ajustes recíprocos entre sus elementos constitutivos". Imitando las propiedades estructurantes espontáneas del cerebro, la propia complejidad de este mercado ideal hacía imposible su modelización, no siendo posible tampoco realizar su representación o el trazado de su mapa, por sofisticado que éste sea. Una imposibilidad

After World War Two, large-scale central planning was once again invigorated – this time by the advent of computers, which considerably augmented modelising capacities. Data processing programmes made it possible to integrate first dozens and subsequently hundreds of branches of input-output tables. These tables were brought into generalised use in national accountancy systems by means of international organisations (UN, OCDE) in the early 1960s. In all those regions under American control, they thus became a tool of normalisation and standardisation of economic policies.

Hayek critiqued these state planning policies, arguing that they led to a situation "scarcely different than that of slavery". Drawing upon the research of brain specialist Constantin von Monakow's descriptions of the workings of the human mind as the emergence of a spontaneous order based on the interaction of billions of neurones – experience selecting those interactions which are most useful for adapting to a given environment – Hayek called for a spontaneous, self-organised socio-economic order, emerging "from the relationship and mutual adjustments between its constituent elements." Imitating the brain's spontaneous ordering properties, this ideal market, because of its very complexity, could not be modelised and no representation or map, however sophisticated, could ever be made of it. This impossibility, Hayek thought, condemned in advance any interference by state planners.

The crisis of government and the inability of states to re-establish broad economic stability in the 1970s provided the impetus for a shift in the modelisation of the state: the centralised state, with its top-down power structure, yielded to a regulatory state, largely determined by Hayek's approach. The general schema of government is no longer linked, as it was in the post-war years, to the edification of a world state, conceived as a divisionary meta-administration. It now tolerates and profits from crises, conflicts and disorder in order to gain momentum for its own transformation and permanent adaptation to whatever changes are occurring on the planet. The techniques of governance

que, para Hayek, condenaba de antemano cualquier interferencia por parte de los planificadores del estado.

Durante la década de los setenta, las crisis de gobierno y la incapacidad de los estados para restablecer una amplia estabilidad económica promovieron un giro en la modelización del estado: el estado centralizado, con su estructura de poder de arriba abajo, dio paso a un estado regulador basado en gran medida en el enfoque de Hayek y en el que el esquema general de gobierno deja de estar vinculado, como lo había estado en los años de posguerra, a la construcción de un estado mundial concebido como meta-administración estructurada en base a divisiones. Ahora, no sólo tolera las crisis, los conflictos y el desorden, sino que se beneficia de ellos con el fin de lograr el impulso que necesita para su propia transformación y permanente adaptación a cualquier cambio que tenga lugar sobre el planeta. Con todo ello, las técnicas de gobernanza no aspiran a otra cosa que a transformar la máxima cantidad de ruido en información que gradualmente integran como entorno.

La aplicación de la cibernética a la política y la economía, el uso de las redes informáticas y de las telecomunicaciones, están llamados a ejercer una profunda transformación de la organización del sistema global. El desarrollo de los sistemas de información y comunicaciones desde el nivel subsuperficial al espacio exterior ha abierto nuevas capacidades de modeli-zación por vía del suministro de un doppelgänger infocomunicacional al planeta real; un doble basado en datos que hace posible la subordinación del territorio a su representación, reforzando con ello las capacidades de gestión y control remoto. Con ello, cada punto del territorio, cada objeto del sujeto que lo habita, se verá sometido a un gemelo basado en el dato. Es en este contexto donde el sueño del management total tiende a convertirse en una realidad: si el mapa es el territorio, la acción sobre el mapa será, al mismo tiempo, acción sobre el territorio.

El trabajo de Bureau d'Etudes mezcla arte, teoría e investigación, y se manifiesta sobre todo en sus mapas de las redes de poder en el marco de "un planeta convertido en laboratorio".

thus simply seek to transform the maximum amount of noise into information, progressively integrating as its environment.

The application of cybernetics to politics and economics, the use of computer networks and telecommunications will deeply transform the organisation of the global system. The development of information and communications systems from the sub-surface level right up into outer space has opened new capacities of modelisation by providing the planetary real with an info-communicational doppelganger. This data-based double makes it possible to subordinate territory to its representation (thereby reinforcing management and long-distance control capacities). Every point of the territory, every object of the subject that inhabits it, is thus subjected to a data-based twin. It is in this context that the dream of total management tends to become a reality: the map being the territory, action on the map is at the same time action on the territory.

Bureau d'Etudes is a French-based collective, merging the artistic, political, scientific and relational. Some of its output are organigrams, or relational maps on such subjects which can be downloaded.

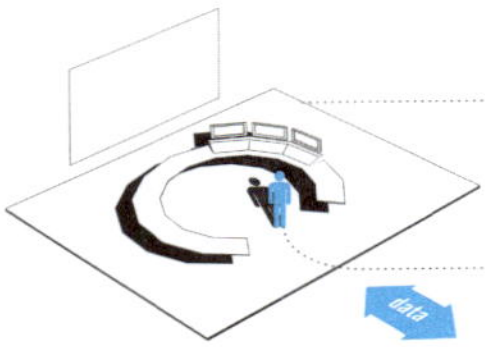

José Pérez de Lama

De las Salas de Control a las Salas de Situación

Mapas y salas de control

En una conferencia titulada *"Envueltos en Imágenes"*, pronunciada en Sevilla en 2007, Beatriz Colomina llamaba la atención sobre los trabajos de Charles y Ray Eames y su vinculación con lo que denominaba *situation rooms*, identificando estas producciones como el origen del mundo de las imágenes que hoy habitamos[1].

La profesora Colomina explicaba la participación secreta de arquitectos y diseñadores como Buckminster Fuller en el desarrollo y el concepto de las primeras *war rooms* durante la Segunda Guerra Mundial, salas con mapas y proyecciones desde las que los estados mayores militares y políticos monitorizaban y dirigían el teatro de operaciones de la guerra.

Estas salas están directamente relacionadas con las salas de control desde donde se dirigían (*command and control*) las grandes industrias o centrales energéticas del fordismo, pero también con las cartografías sobre las que se planificaban históricamente las estrategias y tácticas militares; y con los mapas urbanísticos por medio de los cuales desde el siglo XIX se planifican y controlan las transformaciones territoriales de la metrópolis moderna.

En 1959, Charles y Ray Eames, junto a Buckminster Fuller y otros colaboradores, instalan en Moscú un dispositivo mediático que según Colomina está directamente inspirado en las experiencias de la guerra de Fuller. Se trataba de una enorme cúpula geodésica, sobre la cual estaban fijadas 7 pantallas en las que los Eames proyectaron *"Glimpses of the USA"*, una producción audiovisual compuesta de series simultáneas y velocísimas – para

From Control Rooms to Situation Rooms

Maps and control rooms

In the lecture *"Enclosed by Images"* that she presented in Seville in 2007, Beatriz Colomina drew our attention to the works of Charles and Ray Eames and their connection to what she called "situation rooms." She went on to identify them as artefacts linked to the origins of the world of images that we are currently immersed in[1].

Professor Colomina also talked about the secret role played by architects and designers, including Buckminster Fuller, who participated in conceiving and developing the first modern "war rooms" during World War II. These rooms full of maps and plans enabled military and political leaders to monitor and direct the theatre of military operations during the war.

These war rooms were directly related to the control rooms of Fordist production, which were the command-and-control nerve centres of major industries and energy plants. But they were also related to the maps historically used in the planning of military strategies and tactics, and to the city maps used in the 19th and early 20th centuries to plan and control the territorial transformations that would lead to the development of the modern metropolis.

In 1959, Charles and Ray Eames, Buckminster Fuller, and other collaborators, set up a media dispositif in Moscow that was, according to Colomina, directly inspired by Fuller's war experiences. It consisted of a huge geodesic dome with seven enormous screens in its interior, on which the Eames showed their film Glimpses of the USA, which consisted of the simultaneous and extremely fast

1 Beatriz Colomina, 2007, Envueltos en imágenes, conferencia pronunciada el 19 de Julio de 2007 en Sevilla, Seminario La Vivienda. Arquitectura: Lenguajes fílmicos.

la época – de diapositivas con las que presentaban al público moscovita los avances tecnológicos de los Estados Unidos. Dado que la URSS, que recientemente había lanzado al espacio el Sputnik, llevaba ventaja en la carrera de la gran tecnología militar e industrial, el *slideshow* de los Eames se centró en una operación de imagen en la que la tecnología se presentaba al servicio de la vida cotidiana, del sueño americano – electrodomésticos y automóviles destacaban sobre todo lo demás – incorporando el mundo de la producción mediática de subjetividad, tal como los entendemos hoy, al marco de *situation room*. Adelantándose a la textura de nuestra presente condición, la velocidad y simultaneidad de imágenes, el carácter inmersivo, y la consecuente imposibilidad de concentrarse en un discurso, en el sentido que hasta entonces había tenido el término, eran parte central de la propuesta de comunicación-producción de subjetividad de los Eames. Colomina describe el dispositivo mediático de los Eames como un arma devastadora en el contexto de la Guerra Fría.

Esta nueva arquitectura mediática de los Eames y Fuller en Moscú no está ya exclusivamente compuesta de elementos tectónicos, sino que en ella el espacio en su sentido tradicional se ensambla con hardware, software e imágenes para dar lugar a una nueva experiencia del mundo.

De las salas de control a las salas de situación

Desde entonces los *situation rooms* o salas de situación se han multiplicado y diversificado, y han amplificado sus capacidades. Continuando con el modelo clásico (el asociado al teléfono rojo del Dr. Strangelove – Kubrick, 1964) encontramos salas de control en las centrales nucleares, en los estudios de televisión o en la gestión de la ISS (International Space Station). Y sin embargo, cada vez más, el proyecto de centralizar el *command and control* se enfrenta a procesos cuyo despliegue escapa progresivamente de los esquemas lineales propios del mundo de la producción industrial fordista. Estos procesos devienen reticulares, de geometrías continuamente variables, víricos, proliferantes, catastróficos…
Las nuevas salas de situación las encontramos

(for the time) projection of a series of slides that were supposed to impress Muscovites by showing them the technological and industrial advances in the United States. Given that the USSR had recently launched the Sputnik and was spearheading the technological and military race, the Eames's slideshow focused on presenting images of technologies at the service of everyday life as envisaged by the "American Dream," featuring automobiles and kitchens packed with appliances. And by doing so, it brought media-based forms of the production of subjectivity, in the sense in which we understand it today, into the context of situation rooms.
A desire to explore the texture of the contemporary condition – the speed, simultaneity and immersive nature of images, and the subsequent impossibility of concentrating them into a single linear discourse in the traditional sense – was a key element in the Eames' concept of communication-and-production of subjectivity. Colomina describes their media dispositif as a devastating ideological weapon in the context of the Cold War.

The media-architecture that the Eames and Fuller took to Moscow consisted of more than just tectonic elements. In this new form of architecture, space is assembled out of hardware, software and images, in order to produce a new experience of the world.

From control rooms to situation rooms

Since this early experience, there has been an increase and diversification in the number and type of situation rooms, and their capabilities have also multiplied. There are some that still follow the classic model (as exemplified by the red telephone in Kubrik's 1964 film Doctor Strangelove), such as control rooms in nuclear power plants, television studios or the International Space Station control centre. But the concept of command-and-control is coming up against processes that are leading to the breakdown of the linear schemes of Fordist industrial production. The emerging processes are networked, constantly mutating, proliferating, viral, catastrophic... We find new situation rooms in the traffic control centres of post-metropolises, in rooms that centralize border control in the Strait of Gibraltar and the

en los centros de tráfico de las metrópolis, en las salas que centralizan el control fronterizo (en El Estrecho o en la frontera EU-México), en las centrales policiales de ciudades como Los Ángeles con su red de cámaras de videovigilancia, helicópteros y *rapid deployment units*...[2] Y suponemos que también en los centros que intentan gestionar las redes de comunicación y de energía, las grandes multinacionales, las bolsas o los nuevos conflictos bélicos como el de Irak, el de Gaza o la llamada guerra global contra el terrorismo.

Otra aspecto a destacar es el crecimiento exponencial de la capacidad de las *operation rooms* de recoger datos y actuar a distancia y en tiempo real, – gracias a la combinación de la digitalización de datos, la proliferación de las redes de comunicación, la miniaturización electrónica (sensores y actuadores) y la comunicación inalámbrica (satélites, telefonía, etc)[3].

Las formas de actuación en este nuevo escenario reticular, global y complejo, también son nuevas y en lugar de sistemas de tipo arbóreo y relaciones directas de causa-efecto, aparecen nuevos conceptos y herramientas como planeamiento estratégico, oportunidades y amenazas, asimetrías, externalidades, ventajas competitivas, atractores, catalizadores, acción enzimática, *swarm architecture*, procesos auto-organizados, protocolos, comunicación p2p, *social netwars*, sistemas vivos...[4]

William Mitchell, ex-director del Media Lab del MIT, ha señalado la aparente paradoja de que en la ciudad informacional, el control no tiende a centralizarse sino que cada vez se hace más distribuido. Como ha ocurrido hasta ahora en la WWW, cuyo principal inventor y promotor, Tim Berners-Lee, escribe que su principal esfuerzo

US-Mexico border, in police headquarters in cities like Los Angeles with their networks of CCTV cameras, helicopters and rapid deployment units...[2]. And we assume that they can also be found in operational centres that manage communication and energy networks, in multinationals, stock exchanges and new wars such as those taking place in Iraq, Gaza, and the United States' "war on terrorism" during the Bush presidency.

Meanwhile, these operation rooms have also experienced an exponential increase in their capacity to gather data and act from remote locations, in real time, as a result of data digitalization, the proliferation of communication networks, electronic miniaturization (sensors and actuators) and wireless communication (satellites, cell phones, etc.)[3].

This new networked, global, complex scenario has also given rise to new forms of behaviour. Tree-like systems and direct, linear cause-and-effect relationships are being replaced by concepts and tools like strategic planning, asymmetry, externalities, competitive advantages, attractors, catalysts, enzymatic activity, swarm architecture, self-organized processes, protocols, P2P communication, social networks, living systems...[4].

William Mitchel, former director of the MIT Media Lab, has pointed out the apparent paradox of the informational city, which tends towards distributed rather than centralized of control (2003). This is similar to the World Wide Web scenario in which, as its main inventor and promoter Tim Berners-Lee writes, the main task was to keep it "out of control", that is, beyond any central control, so that it could proliferate and be enriched through greater complexity and diversity[5].

2 Edward Soja, 2000, Postmetropolis. Critical Studies of Cities and Regions, Blackwell, Londres.

3 William Mitchell, 2003, Me++. The Cyborg Self and the Networked City, MIT Press, Cambridge.

4 Arquilla, John & Ronfeldt, David [editores], 2001, Networks and Netwars: The Future of Terror, Crime and Militancy, Rand Corporation, Santa Mónica, también en: http://www.rand.org/publications/MR/MR1382/

Manuel de Landa, 2001, Filosofías del diseño. El caso de los programas de modelado, en: Verb Processing, 2001, Actar, Barcelona, pp: 131-143.

Steven Johnson, 2001, Emergence. The Connected Lives of Ants, Brains, Cities and Software; en castellano: 2003, Sistemas emergentes. O qué tienen en común hormigas, neuronas, ciudades y software, Turner, Madrid.

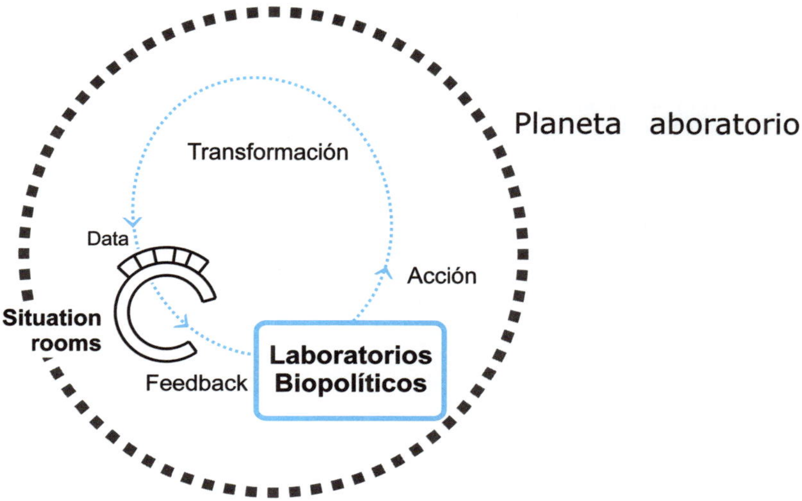
Planeta aboratorio
Transformación
Data
Acción
Situation rooms
Feedback
Laboratorios Biopolíticos

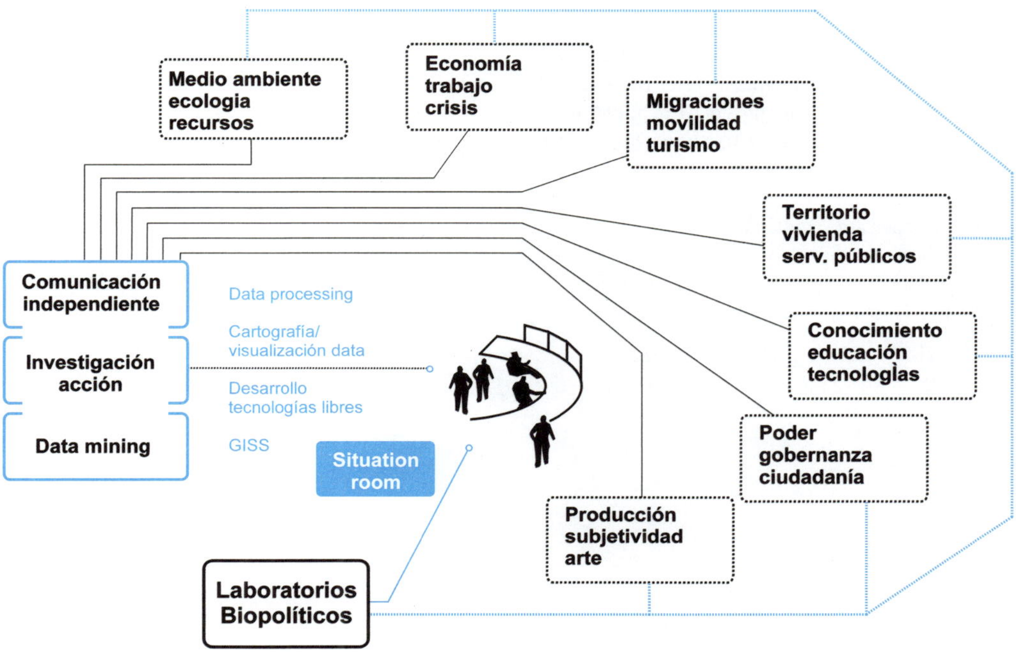
Medio ambiente ecologia recursos
Economía trabajo crisis
Migraciones movilidad turismo
Territorio vivienda serv. públicos
Conocimiento educación tecnologias
Poder gobernanza ciudadanía
Producción subjetividad arte
Comunicación independiente
Investigación acción
Data mining
Data processing
Cartografía/ visualización data
Desarrollo tecnologías libres
GISS
Situation room
Laboratorios Biopolíticos

ha sido mantenerla *out of control* – fuera de cualquier control centralizado, para que así pudiera proliferar y hacerse más rica en complejidad y diversidad[5].

Laboratorios globales

Resulta oportuno también, recordar las reflexiones de Bruno Latour sobre los laboratorios del presente. Según el pensador francés, mientras que en la modernidad, los experimentos se llevaban a cabo en espacios acotados y a escala reducida, la complejidad y velocidad del presente ha determinado que los experimentos realmente relevantes para la transformación del mundo contemporáneo se lleven a cabo a escala 1:1, a escala global, y que todos nosotros estemos participando en ellos sin remedio. Se trataría de cuestiones como el cambio climático, la globalización capitalista, la nuevas formas de ciudadanía, la explosión de las megápolis, la crisis económica…

La respuesta de Latour a esta situación es reclamar un sistema de control-seguimiento de estos procesos que los visibilice como experimentos que nos implican a todos, reclamando que las decisiones que los orientan sean tomadas de forma global y democrática, con la participación de todo tipo de agentes implicados. En alguna ocasión Latour ha llamado a su propuesta un parlamento de las ideas, en el que participen gobiernos, organizaciones sociales, expertos, técnicos, afectados directos –humanos y no humanos-, etc.[6]

Global laboratories

Another relevant concept here is Bruno Latour's speculations on the "laboratories of the present". The French theorist believes that there has been a qualitative transformation of laboratories and conditions of experimentation. While in the modern age experiments were carried out in enclosed spaces and on a small scale, the complexity and speed of today's world means that for an experiment to be truly relevant and able to change reality, it must necessarily take place at a 1:1 scale, on a global level. And with all of us as participants, whether we like it or not. Latour refers us to issues such as climate change, capitalist globalization, the emergence of new forms of citizenship, the urban explosion, the economic crisis...

His response is to demand a system of control and surveillance of these processes that makes them visible as experiments involving all of us, and to demand that the decisions that guide them be made in a global, democratic way. Latour has sometimes suggested the concept of a "parliament of ideas," in which participants would include governments, social organizations, technical experts, and representatives of directly affected human and non-human agents[6].

---

5 Tim Berners-Lee, 1999, *Weaving the Web*. The Original Design and Ultimate Destiny of the World Wide Web, Harper Business, NYC.

6 Bruno Latour, 2001, ¿Qué protocolo requieren los nuevos experimentos colectivos?, en: http://habitat.aq.upm.es/boletin/n32/ablat.es.html

Salas de Situación Ciudadanas

A partir de este contexto, en la intervención llevada a cabo en LABoral de Gijón en 2008, Pablo de Soto y hackitectura.net presentamos una simulación de un nuevo concepto media-arquitectónico de sala de situación. El dispositivo evoca formal y visualmente las salas de control habituales. Plantea sin embargo algunas diferencias.

La primera es que se propone como una arquitectura de código abierto que está disponible para su uso ciudadano.

La segunda consiste que se inserta en un filum maquínico, según lo llamarían Deleuze y Guattari, diferente; un filum maquínico hacker, que propone componer las experiencias y conocimientos acumulados por los movimientos sociales de la última década: medialabs y hacklabs, cultura vj y herramientas visuales libres, prácticas de comunicación independiente.

La tercera sería la vocación de formar parte de redes distribuidas. La idea de *situation room* no se propone como un nodo central de comando y control, sino como una multiplicación de dispositivos que formen parte de una red distribuida de espacios de acción social -de laboratorios de producción biopolítica[7]-, para la investigación-acción, la comunicación, la organización en red y la gestión del feedback de su acción transformadora sobre el mundo. Un devenir cíborg de la multitud.

José Pérez de Lama es Dr. Arquitecto. Profesor Ayudante Doctor del Departamento de Historia, Teoría y Composición Arquitectónicas de la Universidad de Sevilla. Autor del libro "Devenires cíborg. Arquitectura, urbanismo y redes de comunicación" (Universidad de Sevilla, 2006).

Citizen Situation Rooms

In the framework of this context, Pablo de Soto and hackitectura.net presented a simulation of a new Situation Room media-architecture concept as their intervention at Gijón's LABoral in 2008. In formal and visual terms, their dispositif evokes a conventional situation room. However, their project incorporates some fundamental differences.

Firstly, it is based on an open source architecture, and is therefore available to be freely used and replicated by citizens.

Secondly, it is inserted into a different "machinic phylum," as Deleuze and Guattari would have said – a hacker machinic phylum that sets out to assemble the knowledge and experiences accumulated by social movements over the last decade: medialabs and hacklabs, vj culture and free visualization tools, autonomous mapping projects, independent communication practices and so on.

Thirdly, it has been designed to become an element in distributed networks. Conceived in this way, a situation room is not a central command-and-control node, but one in a series of dispositifs that come together to constitute a distributed network of spaces for social action –biopolitical production labs[7]– dedicated to research-action, communication, networked organization and to managing the feedback of their transformative effect within the world; an ecosophic machine for cyborg becomings of the multitude..

José Pérez de Lama is Dr. Architect. Assistant Professor Doctor, Department of History, Architectural Theory and Composition at the University of Seville. Author of "becomings cyborg. Architecture, planning and communication networks "(University of Sevilla, 2006).

---

7 Maurizio Lazzarato, 2006, *Del biopoder a la biopolítica*, en: Brumaria núm 7 Arte, máquinas y trabajo inmaterial, Brumaria AC, Madrid; pp: 71-82

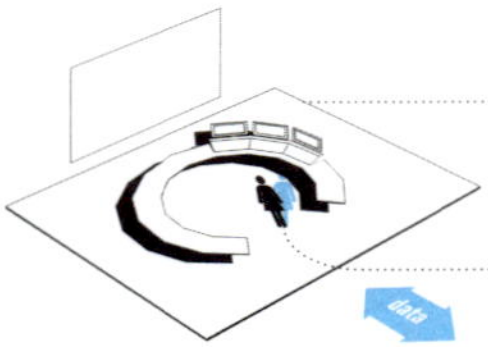

Eden Medina

Cibernética Socialista en el Chile de Allende

Empecé a estudiar la historia del Proyecto Synco (o Project Cybersyn en inglés) en el año 2001 cuando aún era una estudiante de doctorado en el MIT buscando un tema para mi tesis. Por razones personales quise estudiar la tecnología en el contexto de América Latina, y por razones intelectuales decidí enfocar mis investigaciones en computación e informática. Empecé a buscar información sobre la historia de la computación en América Latina, y no encontré casi nada. Sin embargo, en un libro leí sobre un proyecto bien interesante que ocurrió en Chile durante la época de Allende. Descubrí, además, que este proyecto computacional usó ideas, conceptos y principios de la cibernética.

La cibernética es una ciencia interdisciplinar que empezó durante la Segunda Guerra Mundial y que unificó ideas de la biología, neurología, estadística, matemática, ingeniería y computación, entre otras. Norbert Wiener, el famoso matemático del MIT, es visto como el padre de la cibernética, en gran parte porque en 1948 publicó un libro titulado "Cibernética: o el control y la comunicación en el animal y la máquina". La palabra cibernética proviene de la palabra griega *kubernetes* que significa "el que maneja un barco" y que define la conexión recursiva o feedback en el control de los barcos entre la máquina y el ser vivo. Como dijo Wiener, la cibernética empezó sobre 1942. Sin embargo, estudios de historiadores han demostrado que estas ideas surgieron antes en áreas relativas a los radares, servomecanismos, telefonía e ingeniería de control.

La historia de la cibernética ha fascinado a los historiadores de ciencia y tecnología por mucho tiempo, y además, el MIT era "el punto de origen" de las ideas cibernéticas. Imaginen mi sorpresa cuando descubrí que mis profesores de historia del MIT nunca habían escuchado hablar sobre el proyecto Synco. Varios meses después llegué a Chile por primera vez y tampoco

Socialist Cybernetics in Allende's Chile

I began studying the history of Project Cybersyn (or Proyecto Synco in Spanish) in 2001 when I was still a graduate student at MIT looking for a dissertation topic. For personal reasons I wanted to study technology in Latin America, and for intellectual reasons I decided to focus my research on computing and information technology. I started looking for information on the history of computing in Latin America and found very little. But in one book I found reference to an interesting computer project that took place in Chile during the Allende government. This computer project drew from the ideas, concepts and principles of cybernetics.

Cybernetics is an interdisciplinary science that began during World War II. It brought together ideas from diverse fields such as of biology, neuroscience, statistics, mathematics, engineering and electronic computation, among others. Norbert Wiener, the famous MIT mathematician, is commonly viewed as the father of cybernetics because of his 1948 book "Cybernetics: Or Control and Communication in the Animal and the Machine." The term cybernetics comes from the Greek word *kubernetes* or "steersman," a word choice that recognized the connection of feedback and control in the steering engines of ships, and also in machines and living beings. Wiener put the beginning of the field around 1942, although subsequent historical scholarship has linked cybernetics to prior work servomechanisms, radar, telephony, and control engineering.

The history of cybernetics has fascinated historians of science and technology for a long time. Moreover, MIT was a place of origin for cybernetic thinking. Imagine my surprise when I found that my history professors at MIT had not heard of Project Cybersyn. Several months later, when I arrived in Chile for the first time, I found that the project was also not known in Chilean engi-

encontré gente que supiese sobre este proyecto en los departamentos de ingeniería y ciencia de computación, con la excepción de las personas que participaron en la propia construcción del proyecto.

Proyecto Synco

¿Entonces que era el Project Cybersyn o, en español, Proyecto Synco? En resumen, Synco era un proyecto diseñado para regular el área de la propiedad social de la economía usando un intercambio rápido de información entre las fábricas nacionalizadas y el gobierno. El proyecto fue desarrollado y construido entre 1971 y 1973 por un grupo de chilenos dentro de CORFO, INTEC y ECOM también por un cibernético inglés llamado Stafford Beer. Él trabajo en el proyecto hasta el día del golpe militar que aconteció el 11 de septiembre de 1973.

La sala de operaciones del proyecto Synco fue un prototipo, es decir, que no funcionó y no fue usada, pero aun así hubo componentes del sistema que ayudaron al gobierno, especialmente durante el paro de octubre de 1972.

La historia que voy a contar usa una variedad de fuentes que busqué y recopilé en tres continentes.

Una anécdota

El 12 de Noviembre de 1971, el cibernético Stafford Beer se reunió con el Presidente Salvador Allende para discutir la construcción de una herramienta sin precedentes y que tendría la capacidad de regular la economía usando el poder de los computadores electrónicos que hacía poco habían llegado a Chile. Para Beer, la reunión fue muy importante porque el proyecto requería del apoyo del Presidente. Acompañado sólo por su traductor, Beer caminó a La Moneda mientras el resto de su equipo esperaba en un bar al otro lado de la Alameda.

La reunión resultó bastante bien. El cibernético y el presidente se sentaron juntos a la mesa, con el tra-

neering and computer science circles, except for the individuals who had participated in its construction.

Project Cybersyn

So what was Project Cybersyn or, in Spanish, Proyecto Synco? In summary, Cybersyn was a project designed to regulate the social property area of the Chilean economy using a rapid exchange of information between the state-controlled factories and the Chilean government. The project was built between 1971 and 1973 by a group of Chileans in CORFO, INTEC and ECOM and a British cybernetician named Stafford Beer. Work on the project continued up until to the day of the military coup on September 11, 1973.

The Cybersyn Operations room was a prototype - it was not fully functional, nor was it used. However, components of the Cybersyn system helped the government, especially during the truck drivers strike (Paro de Octubre) that took place in October 1972.

To tell the history of Project Cybersyn, I use a variety of source materials that I collected on three continents.

An anecdote

On 12 November 1971 British cybernetician Stafford Beer met Chilean President Salvador Allende to discuss constructing an unprecedented tool for economic management. For Beer the meeting was of the utmost importance; the project required the president's support. Accompanied only by his translator, Beer walked to the presidential palace in La Moneda while the rest of his team waited anxiously at a hotel bar across the street.

The meeting went quite well. The cybernetician and the president sat face to face (with a translator in the middle), and Beer explained his work in "management cybernetics," a field he founded in the early 1950s and cultivated in his subsequent publications. At the heart of Beer's work stood the "viable system model," a five-tier structure based on the human nervous system, which Beer believed existed in all stable organizations

ductor entre ellos, y Beer empezó a explicar su trabajo en "la cibernética de la gerencia", una subdisciplina que él fundó en los años 50 y que siguió cultivando en sus libros y artículos. Una de sus ideas centrales se llamaba el modelo de los sistemas viables que, desde el punto de vista de Beer, existió en todos los sistemas estables, incluyendo los sistemas biológicos, mecánicos y sociales. A causa de su experiencia como médico, Allende entendió inmediatamente las ideas de Beer, un hecho que impresionó mucho al cibernético. Treinta años después, Beer me dijo, "expliqué el maldito plan entero, el modelo de los sistemas viables en su totalidad de un tirón...y yo nunca había trabajado con alguien de alto nivel que haya entendido lo que haya dicho". Cuando Allende se sintió más cómodo con las mecánicas del modelo, empezó a enfatizar los aspectos políticos, insistiendo que el sistema funcionara de manera descentralizada, aumentando la participación de los obreros. Justo antes que Beer le explicara el nivel más alto de su sistema jerárquico, el nivel que él había reservado para Allende, el presidente se reclinó en su silla y dijo, "Al fin, el pueblo".

Elegí esta anécdota no sólo porque representa una de las historias más famosas del proyecto, sino también porque muestra que el proyecto tuvo la importancia suficiente para capturar la atención del Presidente Allende. Ésta no es sólo una historia de tecnología, sino también una historia con muchas facetas políticas, algunas de las cuales voy a presentar a continuación.

Salvador Allende

Es imposible entender la historia del proyecto Synco sin saber algo del contexto histórico. La época de la Unidad Popular en Chile es un momento bien complicado y lleno de interpretaciones diferentes. Por ejemplo, el historiador de Chile Brian Loveman dijo que este momento ha generado más estudios históricos que cualquier otro momento en la historia del país.

En 1970, los chilenos eligieron para la presidencia al candidato socialista Salvador Allende por una diferencia de tan sólo el 1.3 por ciento del voto popular.

– biological, mechanical and social. Allende, having trained previously as a pathologist, immediately grasped the biological inspiration behind Beer's cybernetic model and knowingly nodded throughout the explanation. This reaction left quite an impression on the cybernetician. "I explained the whole damned plan and the whole viable system model in one single sitting... I've never worked with anybody at the high level who understood a thing I was saying." Once Allende gained a familiarity with the mechanics of Beer's model, he began to reinforce the political aspects of the project and insisted that the system behave in a "decentralizing, worker-participative, and antibureaucratic manner". When Beer finally reached the top level of his systematic hierarchy, the place in the model Beer had reserved for Allende himself, the president leaned back in his chair and said, "At last, el pueblo."

I share this story not only because it is one of the most famous stories from the project, but also because it shows that the project was important enough to capture the attention of President Allende. It also illustrates that this is not only a history of technology, but also a history that has many political dimensions, some of which I will present here.

Salvador Allende

It is impossible to understand the history of Project Cybersyn without knowing something about the historical context. The Popular Unity period in Chile is a complicated historical moment that generated many different historical interpretations. For example, the historian of Chile Brian Loveman said that this period has more historical scholarship than any other moment in the country's history.

In 1970, Chileans elected the socialist candidate Salvador Allende to the Chilean presidency by a slim margin of only 1.3 percent of the popular vote. It was a historic moment, both in Chile and the world. Not only was Allende the country's first democratically elected socialist leader, but he also advocated a peaceful road to socialist transformation built upon existing democratic

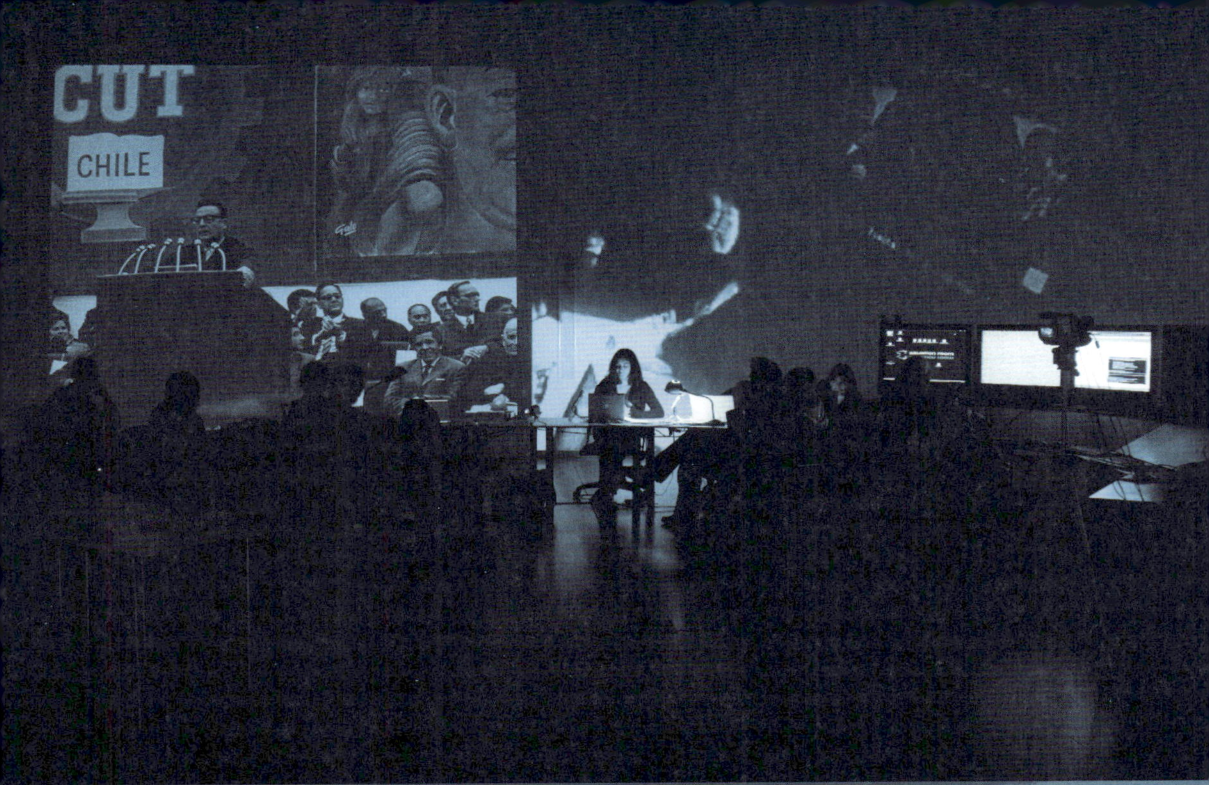
CUT
CHILE

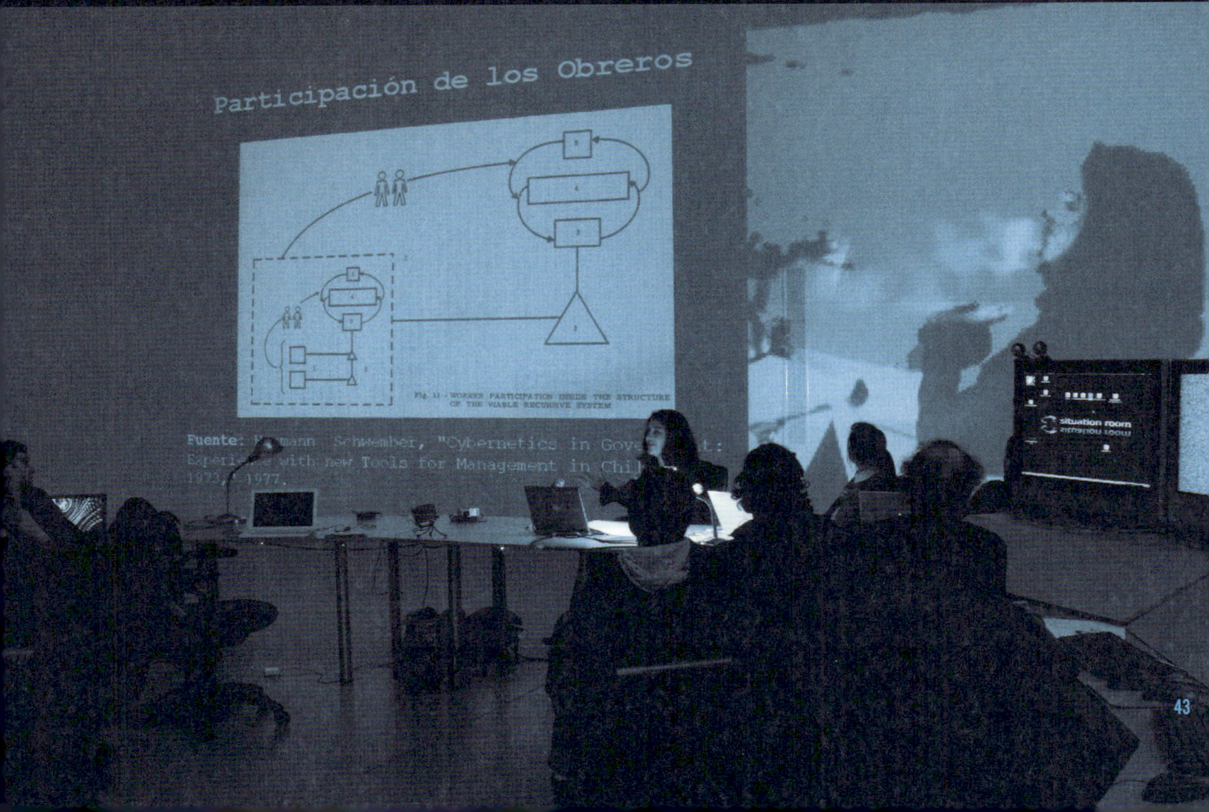
Participación de los Obreros
Fig. 11 - WORKER PARTICIPATION INSIDE THE STRUCTURE OF THE VIABLE RECURSIVE SYSTEM
Fuente:
Schwember, "Cybernetics in Gove
with new Tools for Management in Chil
1977.
situation room

Era un momento histórico, tanto en Chile como en el mundo. Allende no sólo era el primer líder socialista elegido, sino que también presentaba la posibilidad de un socialismo democrático y sin sangre. La revolución chilena tuvo lugar en muchos frentes, incluyendo los laboratorios, fábricas, y universidades, reorientando los enfoques de las investigaciones científicas, el carácter de la cultura material de Chile, y los objetivos de los proyectos estatales de ingeniería.

Está revolución produjo además cambios dramáticos en la economía chilena y en la distribución de la riqueza. Aunque Allende insistió con que la transformación al socialismo sería controlada desde arriba, la revolución también ocurrió desde abajo cuando los obreros tomaron sus fábricas y los campesinos la tierra de sus patrones.

Allende hizo de la nacionalización de las industrias una de sus primeras prioridades. La teoría era fácil, pero la realidad estaba llena de complicaciones y desafíos. A pesar de sus mejores esfuerzos, el gobierno de Allende no pudo controlar ni el camino hacia el socialismo del país, ni la velocidad de los cambios. En algunos casos, los trabajadores tomaron control de sus propias fábricas a pesar de los deseos de Allende. Al finalizar el año 1972 menos del 25% de las industrias expropiadas habían estado en la lista original de expropiación del gobierno. Esto significó una pesadilla para la gerencia de CORFO, la agencia de desarrollo estatal que era responsable del proceso de nacionalización industrial.

Fernando Flores

El gerente técnico de CORFO en ese momento era un hombre llamado Fernando Flores, un nombre bien conocido en Chile. En este momento él tenía solamente 28 años, pero asumía cargos de responsabilidad, como ser el director de la escuela de ingeniería de la Universidad Católica. A causa de sus méritos técnicos y su afiliación con la Unidad Popular, llegó a la tercera posición en la jerarquía de CORFO, la posición más cercana a la regulación de las fábricas.
Flores estaba buscando una manera de implementar

practices and without bloodshed. The Chilean revolution took place on many fronts, including laboratories, assembly lines, and universities. It reoriented the focus of scientific research, the character of Chile's material culture, and the scope and ambition of national engineering projects.

It also produced dramatic changes in the Chilean economy and the distribution of wealth. Although Allende insisted he would control the revolution from above with a firm guiding hand, the revolution also came from below as workers took control of their factories and peasants seized land from wealthy landowners.

Allende made the nationalization of major industries one of the first priorities of his presidency. In theory this was simple, but in practice it was full of complications and challenges. Despite his best efforts, Allende could not control the path or the pace of the democratic road to socialism. In some cases, workers took control of their factories against Allende's wishes. By the end of 1972, less than 25% of the expropriated industries had been on the government's original list for expropriation. This created a management nightmare for CORFO, the state development agency that was charged with leading the industrial nationalization process.

Fernando Flores

The technical manager of CORFO was a man named Fernando Flores, a well-known individual in Chile. He was only 28-years-old at the time, but had already accomplished a great deal, including acting as the director of the school of engineering at the Catholic University in Santiago. Because of his technical abilities and his affiliation with the Popular Unity coalition, Flores was appointed to the third highest position in the CORFO hierarchy, and the position closest to the regulation of the nationalized factories.

Flores was looking for a way to implement Allende's ideas and he thought of a cybernetic model proposed by Stafford Beer. Flores had worked for Beer's consul-

las ideas de Allende y recordó un modelo cibernético que había propuesto Stafford Beer. Además, Flores había trabajado para una empresa de consultores de Beer cuando él era estudiante en la Universidad Católica y había leído dos de los libros de Beer. Flores escribió una carta a Beer pidiendo que le mande a uno de sus consultores a Chile para ayudar con el esfuerzo de nacionalización. En vez de eso, Beer insistió en viajar él mismo.

Stafford Beer

Durante su vida, Beer usó la cibernética como el fundamento para entender áreas tan diversas como la ecología, el desarrollo económico, el socialismo, la ciencia de gerencia, el terrorismo e incluso el yoga tántrico. Escribió diez libros sobre cibernética y suficientes artículos como para llenar una bibliografía de trece volúmenes.

Beer nunca terminó su bachillerato y además tuvo una mala opinión de la educación rígida y disciplinaria que floreció dentro de las universidades. Sin embargo, su falta de educación formal no le impidió trabajar con los científicos más famosos de su generación e incluso fue considerado como un contemporáneo de ellos.

Publicó su primer libro *Cybernetics and Management* en 1959, considerado como uno de los primeros libros que aplicasen la ciencia de la cibernética a los problemas de gestión en las empresas. Después de la publicación de este libro, Norbert Wiener llamó a Beer "el padre de la cibernética de gestión". Varias de las ideas teóricas que contribuyeron a la construcción del Proyecto Synco fueron publicadas en el cuarto libro *Brain of the Firm*, en el año 1972. Entre ellas, la más importante es el modelo de los sistemas viables.

El Sistema Viable

El Sistema Viable se emplea inicialmente en su versión biológica, pero según Beer este modelo se puede aplicar a un estado, a una empresa, o a una máquina. El sistema es difícil de entender y explicar, pero hay

ting firm while he was a student at the Catholic University and had read two of Beer's book subsequently. Flores wrote Beer a letter and asked the cybernetician to send one of his consultants to Chile to help with the nationalization effort. Instead, Beer decided to travel himself.

Stafford Beer

In his lifetime Beer used cybernetics as his basis for understanding subjects as diverse as ecology, development, socialism, management science, terrorism, and even tantric yoga. He wrote ten books on cybernetics and enough articles to fill a thirteen-volumes bibliography.

Beer never completed his undergraduate degree and he had a poor opinion of the rigid disciplinary education that flourished in Britain's universities. However, his lack of formal education did not stop him from working with some of the most famous scientists of his generation and was even considered to be their contemporary.

In 1959 he published his first book, *Cybernetics and Management*, which is considered to be one of the first books to apply the science of cybernetics to problems in industrial management. After the publication of this book, Beer Norbert Wiener called Beer the "father of management cybernetics." In 1972 Beer published his fourth book *Brain of the Firm* and it contained many of the theoretical ideas that contributed to the construction of Project Cybersyn. Of these ideas, the most important is the Viable System Model.

The Viable System

Beer constructed a five-tier model for viable systems, which he based on the human neurosystem. In spite of the model's biological origins, Beer maintained that the abstract structure could be applied in numerous contexts, including the firm, the economic enterprise, the body and the state. The system is difficult to understand and explain, but there are two key points I'd

dos puntos claves que me gustaría explicar con más detalles. Lo primero es que el sistema es recursivo, es decir que la nación, la empresa, el obrero y la célula pueden exhibir la misma estructura de relaciones. Como resultado, un sistema de gerencia basado en el modelo de sistema viable podría funcionar en varios niveles diferentes dentro de la jerarquía de gerencia. El sistema Synco podía ser utilizado en el nivel más alto del gobierno, así como también en el nivel de las plantas industriales.

Lo segundo es que este sistema fue diseñado para implementar una forma de control descentralizado. Me explico: el modelo tiene cinco niveles jerárquicos. El Nivel 1 funciona como un órgano del cuerpo humano, por ejemplo los pulmones. Normalmente no pensamos en la respiración, es una cosa automática. De hecho, si necesitásemos preocuparnos en todos los aspectos de la respiración, es probable que no pudiéramos pensar en ninguna otra cosa. Pero, cuando nadamos, por ejemplo, el cerebro (Nivel 5) puede intervenir en la actividad de los pulmones y regular la respiración. De esta manera, los pulmones mantienen su autonomía excepto en casos excepcionales y urgentes. El modelo describe un proceso de control descentralizado.

El funcionamiento del sistema Synco era de la siguente manera:
- Las fábricas generan índices que envían diariamente a un centro de computación en CORFO donde un computador mainframe busca las anormalidades o problemas usando un software diseñado especialmente para el sistema.
- Si se encuentra un problema, el controlador manda, por telex, un mensaje de alerta a la fábrica, que tiene una cantidad de tiempo predefinido para resolverlo. De nuevo, autonomía.
- Si la fábrica no puede resolver el problema por sí misma, el controlador alerta al comité sectorial que puede intervenir en las actividades de la fábrica.
- Si esto no es suficiente, el comité puede reunirse con la gerencia en la sala de operaciones para buscar otra solución.
- Y, finalmente, el siguiente nivel de la jerarquía puede

like to explain in more detail. The first is that the system is recursive, the state, the firm, the worker and the cell all exhibited the same series of structural relationships. As a result, a management system based on the viable system model could function in many different levels of the management hierarchy. Cybersyn could be used in the highest levels of government as well as at the level of the industrial plants.

Project Cybersyn functioned as follows:
- The factories generated production indicators that they sent daily to a CORFO computer center. A mainframe computer looked for abnormalities or problems in the data using customized software developed for the system.
- If the software found a problem, CORFO sent a warning message to the factory by telex. The factory then had a preset amount of time to resolve the problem without outside intervention. Again, autonomy.
- If the factory could not resolve the problem on its own, CORFO alerted the economic sector committees so that they could intervene in the activities of the factory.
- If this did not resolve the problem, the committee could convene with higher management in the operations room and look for another solution.
- And, finally, this next level of the management hierarchy could intervene in factory activities to resolve the problem.

Thus, the system was designed to implement a form of decentralized control that was congruent with the ideas of democratic socialism that characterized the Popular Unity government. In addition, the system gave the government a technological means to increase worker participation in national production processes.

Reconstruccion digital de la sala de Operaciones (Enrique Rivera y Catalina Ossa)

intervenir en las actividades de la fábrica para resolver el problema.

El sistema fue diseñado para implementar una forma de control descentralizado en la que se puede ver la influencia del socialismo democrático que caracterizó a la Unidad Popular. El sistema también ofreció una medida tecnológica para aumentar la participación de los obreros en el proceso de producción.

Sistema Synco

Synco tuvo cuatro componentes:
- La red de telex; fue muy importante durante el paro de octubre porque le permitió al gobierno coordinar los 200 camiones cuyos dueños eran leales al gobierno, esto casi en tiempo real.
- El software especializado fue escrito por dos equipos de ingenieros, uno en Santiago de la Empresa Nacional de Computación (ECOM) y el otro en Londres (del grupo Arthur Andersen Consultants).
- Un simulador económico.
- La sala de operaciones.

La sala de operaciones

La sala de operaciones del proyecto Synco estaba basada en la sala de guerra de Winston Churchill que fue usada por él para dirigir las fuerzas armadas de Inglaterra durante la Segunda Guerra Mundial.

Se puede ver la influencia que tuvo la sala de guerra en el diseño de la sala de operaciones, pero existen algunas diferencias claves en la sala de operaciones. Sólo hay 7 sillas en un círculo para facilitar el proceso de votación y de toma de decisiones. No había mesas, porque Stafford pensaba que escribir era una distracción para conversar y escuchar. Además tenía un sistema para la visualización de señales de alerta y datos y la representación del modelo del sistema viable.

En las pantallas se podían ver los modelos de las fábricas, una foto, una gráfica de la producción, y las varias combinaciones de botones para cambiar la

Project Cybersyn

Cybersyn had four components:
- The telex network, which was very important during the October truck drivers' strike because it allowed the government to coordinate 200 trucks that were loyal to the government in close to real time,
- Custom software written by two teams of engineers, one in Santiago working for the Chilean State Computer Enterprise (ECOM) and the other in London working for Arthur Andersen Consultants,
- An economic simulator.
- The operations room.

The Operations Room

The Cybersyn operations room was inspired, in part, by the war room Winston Churchill used during World War II to direct the British armed forces.

It is easy to see how the idea of a war room influenced the design of the operations room, but there are some key differences. There are only seven chairs in the Cybersyn operations room that are arranged in a circle to facilitate voting and decision making. Stafford believed that writing was a distraction that detracted from listening and discussion, so there were no tables in the room. It also contained a system for displaying warning signals and data, and a representation of the Viable System Model.

The screens displayed factory models, photographs and graphs of production activities, and the buttons users needed to push to change the information on the screen displays. Despite this high-tech, "Star Trek"-style look, the technology in the room was very basic. For example, the team created a flat-screen effect by positioning the three slide projectors behind the wall that could back project images onto the screens.

The room did not display all of the data collected on Chilean economic activities, but instead only the minimum data that were sufficient for making informed decisions. Moreover, the data were displayed

información en las pantallas. Me gustaría destacar que a pesar de la apariencia de alta tecnología, estilo "Star Trek", todo fue muy básico. Por ejemplo, el equipo creó el efecto de pantalla plana usando tres proyectores de diapositivas en la parte trasera de la sala que podían proyectar desde atrás en dichas pantallas.

En la sala no se mostraban todos los datos recolectados de la economía chilena, sino que solamente los datos suficientes para tomar decisiones informadas. Además, estos datos eran mostrados en una manera que permitiera que los diversos ocupantes de la sala pudiesen entender la situación en poco tiempo. Además las representaciones gráficas en la sala usaban color, movimiento, luz, diferencias en tamaño, etc. para ayudar a los ocupantes a entender e interpretar los datos. Esta atención a la visualización de información es muy relevante hoy en día y tiene paralelos al trabajo del estadístico de Yale, Edward Tufte.

Sillas

En las sillas, en vez de un teclado había un grupo de botones. Esto permitió que las personas que no podían usar un teclado aun pudiesen usar la sala. De hecho, Beer dijo que él quería eliminar "la niña entre ellos y la máquina" – una referencia a las secretarias que usaban tradicionalmente las máquinas de escribir para sus jefes. Facilitó una manera de expresión masculina, con botones grandes que fueron diseñados para que los usuarios los pudiesen golpear para enfatizar sus puntos. También había un cenicero, una referencia a la cultura chilena en estos momentos y también a la sala de guerra de Churchill. Esta sala estaba ubicada en una oficina en el centro de Santiago de Chile.

Informe Synco

La sala de operaciones ofreció una manera para que el gobierno pueda acceder y entender la actividad económica del país. Además, la red de telex le permitió al gobierno producir detallados informes con datos económicos recientes. Todos los telex llegaban a una sala dentro de CORFO. Todos los días, empleados del

in a way that would allow the various occupants of the room to grasp the situation quickly. The graphical representations in the room used color, motion, light, size differentiation, etc. to help the occupants better understand and interpret the data. This attention to the visual display of information is very relevant today and is reminiscent of the work of Edward Tufte, the Yale statistician.

The Chairs

The chairs had a group of geometric buttons positioned on the armrest instead of a traditional keyboard. Thus, people who did not know how to use a keyboard could still use the room. In fact, Beer said he wanted to eliminate the "girl between themselves and the machinery" - a reference to the secretaries who traditionally used typewriters for their bosses. The buttons also encouraged forms of masculine expression. The designers created the large buttons so that users could pound on them when they wanted to emphasize their point. The other armrest contained an ashtray, a reference to Chilean culture at the moment as well as to the Churchill's smoke-filled war room. This room was located in an office building in the center of Santiago, Chile.

Cybersyn Report

The operations room gave the government a way to see and understand national economic activity. In addition, the telex network allowed the government to produce very detailed reports with recent economic data. All of the telexes containing factory production data arrived in a central room at CORFO. Every day, government employees arranged this data into graphs and tables, which were then compiled into a report and delivered to the presidential palace. Before this telex system the government had to wait almost six months to receive economic statistics, but now economic reports contained information that was only 3 or 4 days old.

gobierno ponían estos datos diariamente en gráficos y tablas, los que eran compilados en un informe para ser enviado al palacio presidencial. Antes del sistema de telex, el gobierno tenía que esperar casi seis meses para recibir las estadísticas económicas, pero con el sistema Synco, los informes económicos contenían información de los últimos 3 ó 4 días.

Letanía para un computador

Otro de los aspectos políticos y culturales más interesante es una canción poco conocida de Angel Parra: "Letanía para un computador y un niño que va a nacer". La idea era que los ingenieros del proyecto pudiesen usar la canción como una herramienta para presentar el sistema a los obreros y para ayudarles a entender el fin político de esta tecnología.

Participación de los ciudadanos

Beer creía que esta tecnología no solo podía aumentar la participación de los obreros en las fábricas chilenas, sino que también aumentar la participación de la ciudadanía chilena en el gobierno. Por eso diseñó un sistema de monitores que el gobierno podía poner en los hogares chilenos para saber la reacción popular a los discursos políticos, algo así como la práctica de los grupos de enfoque hoy en día. Su hijo Simon Beer construyó algunos prototipos de dichos monitores. Beer vio este proyecto como una manera para aumentar la participación y la democracia y no para reprimir los diferentes puntos de vista.

Las ideas políticas también influenciaron a los diagramas que describían al sistema. En algunas de las representaciones del sistema viable de Beer se puede ver que los obreros tienen un papel importante en el Nivel 1 (las manos) y también en el Nivel 5 (el cerebro). Esto respondía a la idea de alienación propuesta por Carlos Marx que surgió cuando los obreros no podían usar su mente en combinación con sus manos.

Litany for a Computer

The folksinger Angel Parra wrote a little known folksong for Project Cybersyn, and it is one of the most interesting political and cultural aspects of the project. It is titled "Litany for a Computer and a Baby about to be Born." Beer believed that Cybersyn engineers could use the song as a way to introduce the workers to the system and help them understand the political purpose of the technology.

Popular Participation

Beer believed that technology not only had the power to increase worker participation in Chilean factories, but also popular participation in Chilean government. He designed a series of meters that the government could put in Chilean homes to see how people reacted to the content of political speeches -- a process similar to the use of focus groups today. Beer's son, Simon, built several prototype meters. Beer saw this project as a way to increase popular participation and democratic governance and not as a means to suppress dissenting points of view.

Political ideas also influenced system diagrams. Some representations of Beer's Viable System Model show workers having an important role in Level 1 (the hands) and Level 5 (the brain). This is a response to the idea of alienation proposed by Karl Marx, which occurred when workers could not use their brain as well as their hands.

El Centro de todos los Sistemas Viables

En esta imagen el obrero se situaba en el centro, o corazón, de todos los sistemas viables. Si se compara con imágenes de ECOM, la empresa de computación del estado en esa época, se puede ver que ahora la máquina es el corazón de todos. El contraste de estas imágenes demuestra que existía una cierta tensión entre el idealismo político y el entusiasmo tecnológico que ocurrió dentro del proyecto.

La otra tensión frecuente en el proyecto era la que existía entre el control centralizado y la autonomía. Beer insistió que el sistema preservaría la autonomía de las fábricas, pero artículos de prensa de la época muestran el miedo que este sistema generaba al ser visto como una nueva forma de control popular. Estos artículos resaltan cómo las ansiedades de la guerra fría moldeaban a la opinión pública sobre los proyectos socialistas.

El trabajo en el proyecto terminó con el golpe militar. Miembros de las fuerzas armadas golpistas trataron de entender el funcionamiento del sistema, y al no poder hacerlo, terminaron destruyendo la sala de operaciones. Es interesante notar que esta historia desapareció en gran parte de la memoria chilena y de la historia de la computación. Ahora éste no es el caso.

Eden Medina es Doctora en Historia y Estudios Sociales de Ciencia y Tecnología del Instituto Tecnológico de Massachusetts (MIT). Actualmente es Profesora Asistente de Informática y Computación en la Universidad de Indiana, Bloomington. La doctora Medina desarrolló una instalación sobre el Proyecto Synco para el museo ZKM en Karlsruhe (Alemania), como parte de la exhibición "Making Things Public". Actualmente está terminando un libro sobre el Proyecto Synco para ser publicado en MIT Press.

Transcripción editada de la conferencia impartida para Situation Room, Enero 2008.

The Center of all Viable Systems

In this image the worker stands at the center or heart, of all viable systems. Compare this image with and image from ECOM, the State Computer Enterprise at the time. Here you can see that the machine is the heart of the system. Side-by-side these images demonstrate the ongoing tension between political idealism and technological enthusiasm that took place in the project.

The other frequent tension in the project was between centralized control and autonomy. Beer insisted that the system would preserve factory autonomy, but press articles from the time period show fears that this system would become a new way to control the Chilean people. These articles highlight how Cold War anxieties shaped public interpretations of socialist projects.

Work on the project ended with the military coup. Members of the armed forces tried to understand how the system worked and, when they could not, they eventually destroyed the operations room. The story subsequently disappeared from Chilean memory and the history of computing. Now this is no longer the case.

Eden Medina received her doctorate in the History and Social Study of Science and Technology from the Massachusetts Institute of Technology (MIT). She is currently Assistant Professor of Informatics Computing at Indiana University, Bloomington. She developed a multipart installation on Project Cybersyn for the ZKM in Karlsruhe, Germany as part of the exhibition "Making Things Public". She is now finishing a book on the history of Project Cybersyn to be published with MIT Press.

Edited transcription from the conference held by Situation Room, January 2008.

talleres
workshops

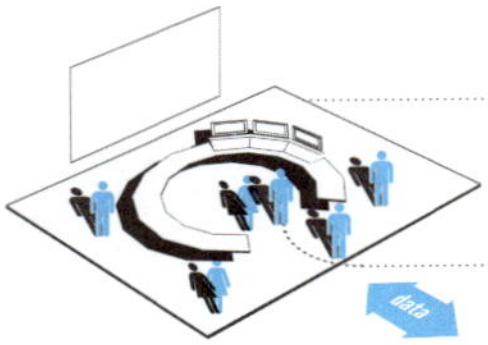

Bureau d´Etudes, hackitectura.net, Ulus Atayurt, Anna Sala, Maria Ptqk, Ovidio Sanchez...

¿Qué mapear? Sobre metodologías y construcción participativa de cartografías tácticas

Principios de cartografía según Deleuze y Guattari: cartografía como representación o como performance; interpretación de la realidad y/o herramienta estratégica.

Trabajo colaborativo de generación, análisis y tratamiento de la información. Feedback entre cartografía, redes y sistemas emergentes.

Mapas georeferenciados - no georeferenciados.

Territorio / mapas hegemónicos frente a otros territorios y mapas.

El caso Indymedia como dispositivo sala de situación distribuida (Seattle/ OMC 1999; Euro MayDay, WSIS We Seize Geneve03, 15F 2003).

Enjambres, perturbación frente a control. El 13 M.

Primera aproximación al diseño de una Sala de Situación en Asturias: minería de datos, bases de datos públicas / no públicas.

Una comunidad como sujeto mapeador frente a el técnico o artista cartógrafo. ¿Qué sujetos cartografían? ¿Con qué objetivos? ¿Qué datos y aspectos de la realidad mapear? ¿Cómo visualizarlos? ¿A qué bases de datos acceder? ¿Cómo conectar cartografía y acción?

Análisis de aplicaciones de software: meipi, open layers, open street map.

Activación de redes sociales; ámbitos, canales, temáticas, difusión.

What to map? On methodologies and participatory production of tactical cartographies

Principles of cartography as on Deleuze and Guattari: mapping as a representation or as performance; as interpretation of reality and/or strategic tool.

Collaborative work of generating, analysing and information processing. Feedback between cartography, networks and emerging systems.

Georeferenced – not georeferenced maps.

Hegemonic territory / maps versus other territories and maps.

Indymedia as distributed situation room / operation room device (Seattle / WTO 1999; Euro MayDay, WSIS We Seize Geneve 03, 15F 2003).

Swarms, disturbance versus control. The 13M.

First draft on the design of the Situation Room in Asturias: data mining, public / not public databases.

A community as mapping subject versus the technician or the artist cartographer. Who do map? Which goals? What data and a aspects of reality to map? How to visualize it? Which databases to access? How to connect mapping and action transformation?

Analysis of the possible application of software: meipi, open street map, open layers.

Activation of social networks: fields, thematic channels, diffusion.

Casas Viejas se ha Quedado.
Agenda
LOS COLECTIVOS SOCIALES ANDALUCES SE SUMAN A LA CONVOCATORIA DEL FORO SOCIAL MUNDIAL

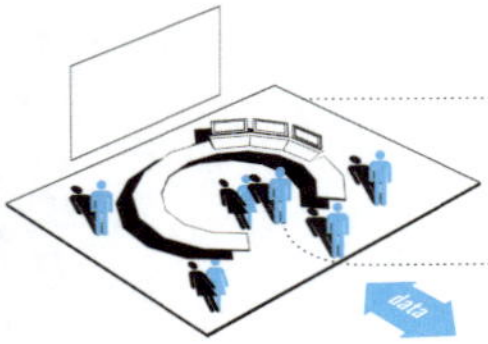

Catalina Ossa, Enrique Rivera, hackitectura.net, Eden Medina...

Programando la Sala de Situación: arquitectura, hardware y software

¿Cómo se pueden recuperar las ideas de gestión a través de la cibernética de los pioneros de Cybersyn a problemáticas y realidades actuales? ¿Cuál sería la arquitectura de una sala de situación que se inserta en procesos de control distribuido? ¿Qué sentido tiene un dispositivo de Sala de Situación en un Centro de Arte?

Estudios de casos: medialabs temporales años 90; proyectos de hackitectura.

Arquitectura como ensamblaje de espacios, imágenes, datos e infraestructuras digitales.

Historia de las salas de control: fábricas, situation-ops rooms (Beatriz Colomina).

Nuevo escenario: soberanía, sociedad disciplinaria, sociedad de control (Future Map – Brian Holmes). Biopoder y gubernamentalidad.

Sala de Situación como dispositivo que se inserta en procesos reticulares y emergentes.

Salas de situación como componentes de redes cíborg. Sensores y actuadores, sensores ciudadanos distribuidos.

Control centralizado y procesos lineales frente a control distribuido.

Programando la Sala de Situación: arquitectura, hardware y software

How can cibernetic management ideas from Cybersyn pioneers be recovered to current problems and realities? What would be the architecture of a situation room which is part of distributed control processes? What does it mean such a Situation Room device inside an Art Centre?

Case studies: history of 90´s temporary media-labs; hackitectura's projects.

Architecture as assembly of spaces, images, data and digital infrastructures.

History of the control rooms: factories, situation-ops rooms (Beatriz Colomina).

New scenario: sovereignty, disciplinary society, social control (Future Map - Brian Holmes). Biopower and governmentality.

Situation Room as a device that is inserted into reticular and emerging processes.

Situation rooms as components of cyborg networks. Sensors and actuators, distributed citizen sensors.

Centralized control and linear processes versus distributed control.

y servicios,
con respecto a la

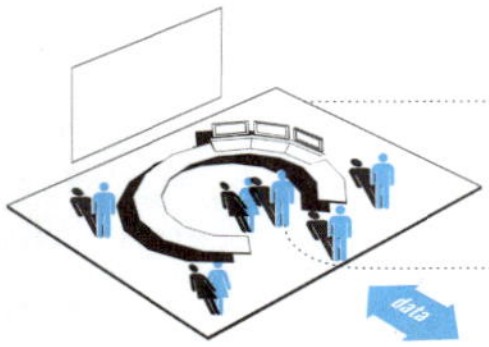

David Pello, Ana Valdés y Pablo de Soto

Taller para niños "Jugando a la Sala de Control"

En el taller "Jugando a la Sala de Control" se explicó a los niños y niñas las diferentes salas de control existentes y la función de cada una de ellas.

A través de juegos y diversas actividades prácticas se enseñó el uso de las salas de control en su labor de monitorización de puntos clave, explicando cómo los ordenadores recogen datos de diferentes redes y los visualizan de una manera fácilmente entendible en pantallas, listas, gráficos, mapas, animaciones...

Kids workshop "Playing the Control Room"

The workshop "Playing the Control room" explained to the kids the various control rooms existing and the function of each one.

Through various games and activities it teached the use of control rooms in its work of monitoring points, explaining how the collected data from various computer networks and displayed in a manner easily understandable screens, lists, data bases graphics and maps, animations....

¿Que es un meipi?
Un meipi es un mapa colaborativo en el que los usuarios pueden aportar informacion de diversas
maneras: Subiendo textos o ficheros relacionados con un lugar concreto, o comentando y valoran
entradas ya subidas por otros usuarios
Cada meipi creado tiene un contexto determinado. De esta manera, los datos relacionados con u
estan unidos por una referencia especifica. Este contexto puede ser local, y en este caso el meipi
cuestion se estructura sobre un barrio, ciudad, etc. o bien ser un contexto tematico, y que las ent
esten relacionadas con una idea
Mas informacion en el blog
¿Cuales son las 4 vistas de meipi?
Mapa: Las entradas subidas por los usuarios se muestran con etiquetas posicionadas en los si
donde fueron subidas. Pinchando en las etiquetas se puede visualizar la informacion de la entr
Lista: Las entradas se organizan por la fecha en que fueron subidas, aunque tambien se puede
ordenar segun su valoracion
Canales: Las ultimas entradas de cada una de las categoris se muestran por columnas.
Mosaico: Las imagenes de un meipi pueden ser organizadas a gusto del usuario, formando me
que pueden ser salvados
¿Qué son los canales de un meipi?
En cada meipi la informacion se puede estructurar en 4 diferentes categorias, que dependeran del
Cada entrada debe pertenecer a uno de los canales.
desarrollado meipi?

miradas adelante

looking ahead

Situation Room en la WikiPlaza Paris

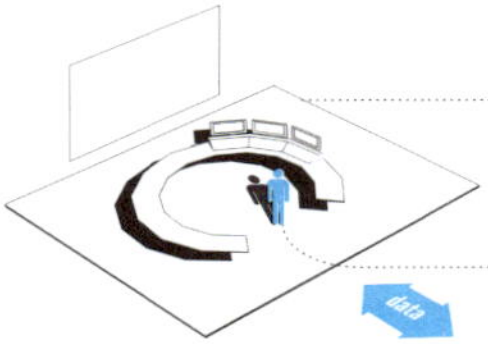

Pablo de Soto, David Pello y Melania Fraga

Mapeando Asturias

Los mapas son herramientas no neutrales e imprescindibles para transformar la realidad. Históricamente han servido, por ejemplo, para planificar la conquista militar o para promover la explotación turística de ciudades y territorios.

En un periodo más reciente el arte de la cartografía, en un proceso de abajo a arriba, ha sido apropiado por los movimientos sociales e iniciativas ciudadanas para la consecución de su propia agenda, a veces opuesta a los estamentos del poder.

Asimismo, el boom de las tecnologías digitales ha tenido un gran impacto en el ámbito de la cartografía. Gracias a libertad de acceso a nuevos métodos de representación y a las redes de intercambio, los ciudadanos construyen sus representaciones de la realidad respecto a numerosas fuentes de información[1]. El movimiento del software libre - y el de los datos libres que se mueve junto a él -, han contribuido sobremanera a estas iniciativas, poniendo al alcance de todo el mundo una enorme batería de herramientas y de bases de datos en las que basar sus trabajos[2].

Mapeando Asturias es un proyecto de investigación que se enmarca en esta tesitura contemporánea. *"Mapa"* en asturianu significa "ejemplo, modelo, muestra", "lugar que sirve de modelo para algo". Con

---

1 Al fenómeno social en torno a la masificación de los mapas digitales, el acceso a la anotación de estos y el abaratamiento de dispositivos de posicionamiento tales como el GPS se le viene denominando "neogeografía". El término viene a definir aquellas herramientas y técnicas geográficas utilizadas para realizar actividades personales o por un grupo de usuarios no expertos en el análisis geográfico, ya que su fin inicial es el uso informal y no analítico. Extraído de Wikipedia.

2 Ver el proyecto Visualizar (http://visualizar.org).

Mapping Asturias

Maps are key, non-neutral tools for transforming reality. Historically, maps have been used to plan military actions, for instance, or to promote the exploitation of cities and regions for tourist purposes.

More recently, in a bottom-up process, social movements and community initiatives have appropriated the art of cartography in order to advance their own goals, often working against the grain of the powers-that-be.

At the same time, the boom in digital technologies has had a huge impact of the field of cartography. Social networks and easy access to new methods of representation mean that citizens can now build their own depictions of reality based on numerous sources of information[1]. The free software movement and the free data that it entails have played a crucial role in these initiatives, offering everybody access to a huge arsenal of tools and databases on which to base their work[2].

Mapping Asturias is a research project that lies within this contemporary mindset. In the local Asturian dialect, *"mapa"* means an example, model, sample, or a place that serves as a model for something. In this sense it can be used as a superlative, such as in the

---

1 The social phenomenon of the widespread use of digital maps, the ability to add notes to these and the reduction in costs of positioning devices such as GPS has been called "neogeography". Neogeography literally means "new geography", and is commonly applied to the usage of geographical techniques and tools used for personal and community activities or for utilization by a non-expert group of users. Application domains of neogeography are typically not formal or analytical. Taken from Wikipedia.

2 See project Visualizar (http://visualizar.org).

esta acepción particular, por superlativa, del término, *"eso ye la mapa las mazanas"* sería "es el mejor sitio donde se producen manzanas" o "el terreno que produce buenos frutos"[3]. *Mapeando Asturias* persigue producir un modelo de buenas prácticas en el ámbito de la cartografía ciudadana, insertando ésta en las dinámicas del procomún[4] y de la cultura libre.

La idea del proyecto surgió durante el taller *"¿Qué mapear? Sobre metodologías y construcción participativa de cartografías tácticas"* que tuvo lugar en el contexto del proyecto Situation Room realizado en LABoral Centro de Arte y Creación Industrial entre Enero y Marzo de 2008. En el transcurso de este taller se presentaron diversos proyectos de cartografías críticas ciudadanas que se han llevado a cabo en los últimos años en Sevilla, Málaga, Barcelona, Estanbul, Venecia o El estrecho de Gibraltar[5]. *Mapeando Asturias* constituye la continuación de esta praxis.

El proyecto se materializa en una serie de vertientes que van de lo técnico, con el desarrollo de software libre, a lo experiencial, con la toma de datos a través de la consulta ciudadana. De la escala global, con la realización de un encuentro internacional de la temática, a la escala local, con la producción de una cartografía digital y participativa sobre Asturias.

3 Del Diccionario de Asturianu del periódico LNE (http://mas.lne.es/diccionario/).

4 El PROCOMÚN es la nueva manera de expresar una idea muy antigua: que algunos bienes pertenecen a todos, y que forman una constelación de recursos que debe ser activamente protegida y gestionada por el bien común. El procomún lo forman las cosas que heredamos y creamos conjuntamente y que esperamos legar a las generaciones futuras. Antonio Lafuente en website de Medialab-Prado.

5 Algunas de estas cartografías de se pueden consultar en la web de Area Ciega (http://areaciega.net/index.php/plain/Cartografias/fadaiat).

phrase *"eso ye la mapa las mazanas"* for example, which would translate as "that's the best place for apples (mazanas)", or "the land that produces the best fruit."[3] *Mapping Asturias* aims to produce a model of good practice in the field of citizen cartography, inserting it into the dynamics of the commons[4] and free culture.

The idea for the project came up during the workshop *"What to Map? On methodologies and participative construction of tactical cartographies"* which was held during the Situation Room at LABoral Centro de Arte y Creación Industrial between January and March 2008. A wide range of different critical mapping projects that have been undertaken in recent years in Seville, Malaga, Barcelona, Istanbul, Venice and the Strait of Gibraltar[5] were presented during the workshop. *Mapping Asturias* aims to follow in their wake.

The project revolves around a number of different core themes that go from technical concerns – the development of free software – to experiential issues such as the compilation of data by means of citizen consultation. It ranges from a global scale, with the organisation of an international meeting on this issue, to a local level, such as the participative digital mapping of Asturias.

3 Thanks to the Asturianu dictionary from the LNE newspaper (http://mas.lne.es/diccionario/).

4 COMMONS is a new way of expressing a very old idea: that some goods belong to everybody, and that they form part of a constellation of resources that should be actively protected and managed for the common good. "Commons" embraces the things we inherit and create jointly and which we wish to pass down to future generations. Antonio Lafuente on Medialab-prado website.

5 Some of these cartographies can be consulted on the Area Ciega web (http://areaciega.net/index.php/plain/Cartografias/fadaiat).

Encuentro Internacional

Con objeto de enriquecer el proceso en el ámbito regional con experiencias de otros lugares organizamos el *I Encuentro Internacional de Cartografía Ciudadana*, que tuvo lugar en el Paraninfo de la Ciudad de la Cultura y en LABoral Centro de Arte y Creación Industrial de Gijón entre el 30 de julio y el 1 de agosto de 2009.

El encuentro reunió por primera vez bajo el lema de la cartografía ciudadana a un amplio grupo de investigadores y activistas de diferentes ámbitos: arquitectura, periodismo, antropología, urbanismo, prácticas artísticas, geografía, biología, psicología, trabajo social y desarrollo de software.

La metodología consistió en presentaciones teóricas y sesiones de trabajo que tuvieron como objetivo el tejer red y combinar esfuerzos y recursos para el desarrollo de proyectos convergentes, con especial interés en el desarrollo de software libre de cartografía ciudadana. Asimismo, el encuentro sirvió para conceptualizar y redactar el artículo sobre "cartografía ciudadana" para la Wikipedia en español.

En el encuentro participaron algunas de las experiencias y herramientas[6] de cartografía ciudadana más relevantes como Open Street Map - un proyecto global de datos geográficos libres -, o Solidarity Maps, una iniciativa de base libanesa-palestina que produce mapas sobre la ocupación en Palestina y el asimétrico uso de la fuerza en las recientes operaciones militares de Israel en Líbano y Gaza.

Todo el archivo en video de la documentación del encuentro se puede consultar en el portal Cartografiaciudadana.net.

6 Otros proyecto cartográficos incluyen el proyecto comunitario sobre sostenibilidad Mapa Verde (greenmap.org), Arboles de Gijon (web.educastur.princast.es/proyectos/jimena/pj_francisa/asp2/botanica/index.asp) o Donkijote, una cartografía viva en forma de cuento contemporáneo (donkijote.org).

International Meeting

With a view to enriching the regional process with experiences arising from other places and contexts, we organised the *1st International Citizen Cartography Meeting*, which was held at Parainfo at the Ciudad de la Cultura and at LABoral Centro de Arte y Creación Industrial in Gijón, from July 30 to August 1, 2009.

The meeting brought together a wide range of researchers and activists from various fields: architecture, journalism, anthropology, urban planning, art practices, geography, biology, psychology, social work and software development.

The methodology consisted on theoretical and practical working sessions that sought to create a network and combine efforts and resources towards the development of converging projects, with a special focus on developing free software for mapping. Meanwhile, the encounter also helped to conceptualise and draft an article on "citizen cartography" for the spanish version of Wikipedia.

The meeting put the spotlight on a series of outstanding community mapping projects[6] and tools such as Open Street Map – a free global geographical data project –, or Solidarity Maps, a Lebanese-Palestinian based initiative that produces maps on the occupation of Palestine and the asymmetric use of violence in recent Israel military operations in Lebanon and Gaza.

An extensive video archive about the meeting is available for download at Cartografiaciudadana.net.

6 Other mapping projects includes the community Green Map (greenmap.org), Trees of Gijon (web.educastur.princast.es/proyectos/jimena/pj_francisa/asp2/botanica/index.asp) or Donkijote, a live cartography as a contemporary tale (donkijote.org).

Cartografía Ciudadana

El arte de los mapas por los movimientos sociales

Portada | Definición | Archivo | I Encuentro Internacional | Conferencias

modified on 26 February 2010 at 11:53 - 7,519 views

Conferencias

Solidarity Maps

Solidarity Maps es un grupo de activistas libaneses, palestinos y de otras latitudes que llevan trabajando juntos en comunicación independiente y produciendo mapas desde el ataque de Israel al Libano del verano de 2006, y más tarde en la defensa y reconstrucción del campamento de refugiados de Nahr el-Bared. Entre ellos y ellas hay diseñadores, arquitectos, investigadores, comunicadores audiovisuales y otros especialistas. Aunque no son propiamente un cuerpo organizado ni afiliado a ningún grupo político, todos ellos son pro-palestinos. Los mapas "solidarios" producidos sobre Gaza son una pequeña contribución a los palestinos que viven en la franja.

con Nancy Hamad y Mansour Azziz (Beirut, Líbano).

+ info: Solidarity Maps

Open Street Map

OpenStreetMap es un proyecto dirigido expresamente a crear y ofrecer datos geográficos libres, tales como planos de calles, a cualquiera que los desee. El proyecto comenzó debido a que muchos mapas que se cree que son libres, tienen en realidad restricciones legales o técnicas para su uso, lo cual evita que la población los utilice de forma creativa, productiva o inesperada.

con Iván Sánchez Ortega (Madrid).

Slides/presentación

+ info: OpenStreetMap.org y OpenStreetMap.es

Videos: Plato's allegory, Mapping Party, A year of Edits

Extras: Mikel Maron's "Free and Open Palestina" and A. Hassan's "State of Egypt"

El Mapa

El objetivo es producir con herramientas libres[7] un sistema digital de representación de Asturias donde se georeferencien y se geoetiqueten "informaciones sensibles". Estas informaciones sensibles se estructuran a través de cuatro canales: puntos nodales, recursos, conflictos y amenazas, acontecimientos.

El mapa digital está desarrollado con el software meipi. Este software permite editar el mapa como un wiki "en el que el usuario puede dejar archivos multimedia asociados a un lugar exacto del territorio, de manera que las imágenes, las impresiones personales, los sonidos, las historias y los paisajes percibidos por los habitantes puedan ser compartidos de una manera inmediata y cotidiana"[8].

Entendemos que todo el mundo es experto en la realidad que le rodea, ya sea a la escala de la calle, el barrio, el municipio o el valle, o a la escala de Asturias en el contexto de la globalización. Ofreciendo el acceso fácil a la herramienta de mapeo *online* cualquier persona puede devenir "cartógrafo" ubicando y compartiendo sus propios contenidos. Adicionalmente, a través de videoinstalaciones en las Casas de la Cultura y salas de exposiciones municipales, *Mapeando Asturias* lleva "a pie de calle" la consulta con proyecciones del mapa, permitiendo que los visitantes puedan contribuir "in situ" a través de la participación directa.

Mapeando Asturias está producido por la LABoral Centro de Arte y Creación Industrial con el apoyo del Plan Avanza del Ministerio de Industria, Turismo y Comercio en la línea de Contenidos Digitales y Centros del Conocimiento.
http://mapeandoasturias.info

----

7 Entendemos por herramientas libres aquellas opuestas a las "privativas", es decir, generalmente registradas bajo licencias de tipo GPL (General Public License) o similares.

8 Ver blog de meipi.org.

The Map

The goal of the map is to produce a digital system based on free tools[7] to represent the region of Asturias, with "sensitive information" georeferenced, geotagged, and displayed in automatic mode. This sensitive information is divided into four channels: nodal points, opportunities and resources, conflicts and threats and events.

The digital map is developed with meipi software . This enables the map to be edited using a wiki "in which the user can upload multimedia archives associated with a specific location in the territory, in such a way that the images, personal impressions, sounds, stories and landscapes perceived by citizens can be shared immediately and in a simple, everyday manner"[8].

We understand that everybody is an expert in his or her own surrounding reality, whether this be on the level of a particular street, neighbourhood, town or valley, or on the scale of Asturias in the wider context of globalization. With easy access to an online mapping tool anybody can become a "cartographer" by locating and sharing their own content. Additional participation is channelled through video-installations at local cultural, art, and community centres. *Mapping Asturias* brings the consultation to a local street level with map projections, thus giving visitors a chance for "on site" contribution through direct participation, without the need to be connected to the Internet.

Mapping Asturias is produced by LABoral Art and Industrial Creation Centre with the support of the Avanza Plan promoted by the Ministry of Industry, Tourism & Commerce under the section Digital Contents and Knowledge Centres.
http://www.mapeandoasturias.info/eng/

----

7 By free tools we understand all those opposed to propietary ones, in other words, generally registered under GPL (General Public License) or similar licenses.

8 See meipi.org blog.

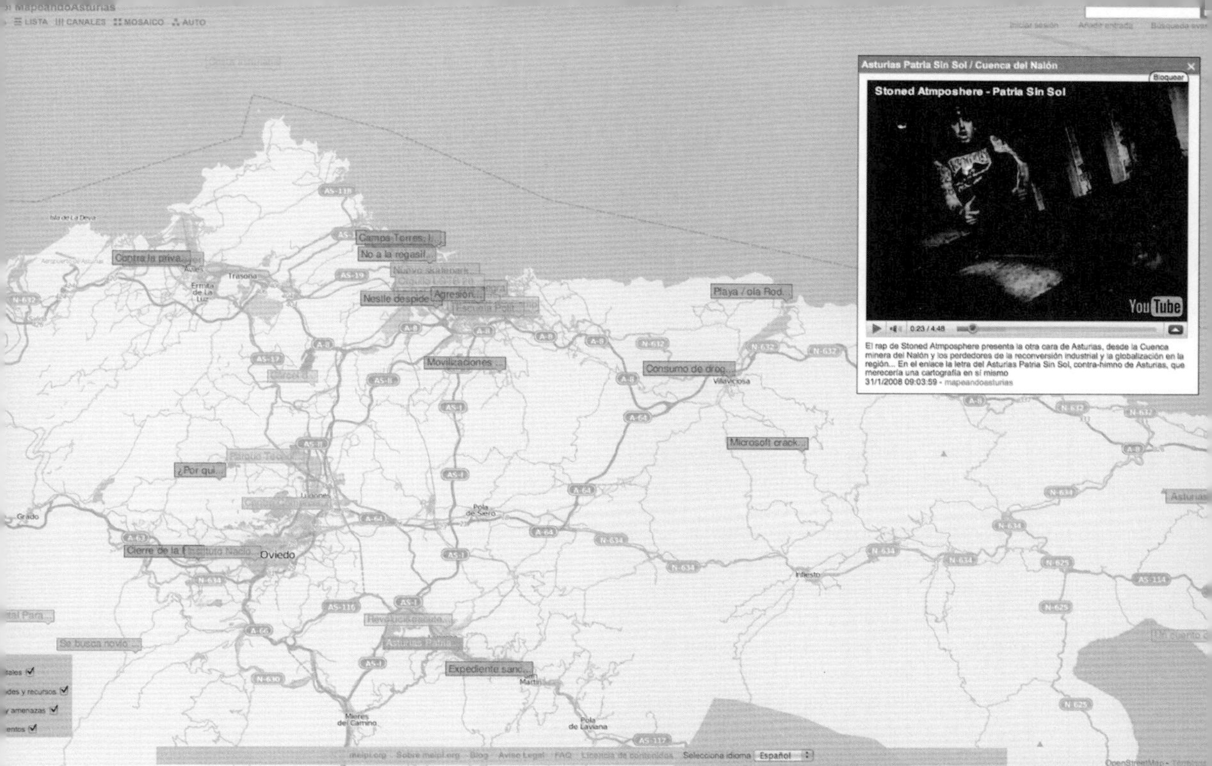
MapeandoAsturias
LISTA
CANALES
MOSAICO
AUTO
Asturias Patria Sin Sol / Cuenca del Nalón
Bloquear
Stoned Atmposhere - Patria Sin Sol
0:23 / 4:48
El rap de Stoned Atmposphere presenta la otra cara de Asturias, desde la Cuenca minera del Nalón y los perdedores de la reconversión industrial y la globalización en la región... En el enlace la letra del Asturias Patria Sin Sol, contra-himno de Asturias, que merecería una cartografía en sí mismo
31/1/2008 09:03:59 - mapeandoasturias
Camps Torres, I...
No a la regasif...
Contra la priva...
Nesile despide...
Agresión...
Playa / ola Rod...
Movilizaciones ...
Consumo de drog...
Microsoft crack...
¿Por qui...
Cierre de la Instituto Nacio...
Oviedo
Expediente sanc...
Se busca novio ...
Villaviciosa
Pola de Siero
Grado
Mieres del Camino
Pola de Laviana
Infiesto
Selecciona idioma
Español

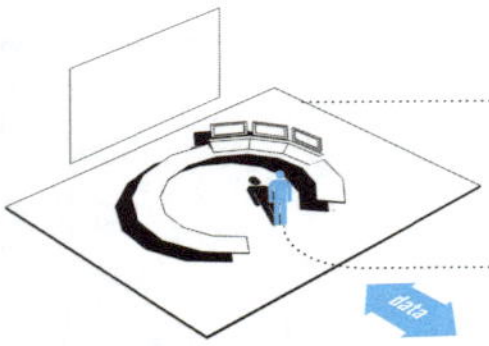

José Luis de Vicente

Datos públicos, datos en público

Desde 2007, el programa Visualizar de Medialab Prado investiga las implicaciones sociales, culturales y artísticas de la cultura de los datos, y propone metodologías para hacerlos más comprensibles y abrir caminos para la participación y la crítica.

En sus dos primeras ediciones casi un centenar de participantes de dentro y fuera de España han colaborado, junto con expertos internacionales en el ámbito de la visualización de información, en el desarrollo de diecisiete prototipos que cuentan historias a través de datos: desde las medidas de polución atmosférica en las calles de Madrid hasta las conversaciones que mantienen los usuarios de redes sociales como Twitter. Visualizar incluye además cada año un simposio especializado, actividades educativas abiertas al público, y la exposición de los proyectos realizados.

En 2009, Visualizar ha apostado por destacar la importancia de las estructuras de datos hoy en los procesos públicos de decisión y gobernanza. Existe un movimiento creciente que defiende que las bases de datos generadas por la investigación científica, y las grandes cantidades de información que generan las administraciones públicas, deben ponerse a disposición de todos, en formatos que permitan su reutilización y que fomenten procesos de innovación ciudadana. ¿Cual es la rentabilidad social de fomentar una cultura de los datos abiertos y libres?

Visualizar 09

En 2004, los ministros de ciencia de todos los paises de la OCDE firmaron una declaración en la que se comprometían a que todos los datos financiados con dinero público deberían ser puestos a disposición de todos los ciudadanos. Desde entonces, el movimiento

Free data, public data

Since 2007, Medialab Prado's Visualizar programme has explored the social, cultural and artistic implications of data culture and proposed methodologies to make them more understandable and open paths for participation and criticism.

At the first two annual Visualizar events, almost a hundred participants from Spain and abroad collaborated with international experts in the field of data visualization in developing seventeen prototypes that tell stories through data: from measuring atmospheric pollution in the streets of Madrid to the conversations held by users of social webs such as Twitter. Each year, Visualizar also includes a specialized symposium, educational activities open to the public, and an exhibit of the projects carried out.

In 2009, Visualizar will highlight the importance of data structures today in public decision-making and governance processes. There is a growing movement in favour of making databases generated by scientific research and the vast quantities of data generated by public administrations available to everyone, in formats that make it possible to reuse them and foster citizen innovation processes. What are the social benefits of fostering a culture of free, open data?

Visualizar'09

In 2004, the Ministers of Science from all the OECD nations signed a declaration whereby they agreed that all data financed by public monies should be made available to all citizens. Since then, the Open Data movement, similar to the free software and culture movement, has been growing and acquiring increasingly significant support, overcoming difficulties and obstacles.
The arguments in favour of opening large databases run from the need to prevent the privatization of

Open Data, análogo al del software y la cultura libre, ha ido creciendo y sumando apoyos cada vez más notables, por encima de dificultades y obstáculos. Los argumentos a favor de la apertura de grandes bases de datos incluyen desde la necesidad de evitar que se privaticen datos que por definición no deberían tener dueño, cómo las secuencias del genoma y datos medioambientales básicos, hasta la percepción más general de que los hechos no tienen propiedad intelectual. Facilitar el uso de datos procedentes de investigaciones financiadas con dinero público, o poder usar y reelaborar recursos de información tan fundamentales como los cartográficos, son algunas de las reclamaciones de las iniciativas pro Open Data.

Datos libres para una ciencia mejor

Los datos generados por cada investigación científica concreta tienen un importante valor adicional: hacer posible que otros científicos inicien nuevos proyectos gracias a la disponibilidad de estos datos. Proporcionar acceso al "data set" de cada trabajo permite ahorrar recursos, evitar que se repitan esfuerzos y elevar el nivel de ambición y complejidad de cada nueva investigación. Sin embargo, en ámbitos como la biotecnología, la feroz protección de la propiedad intelectual de distintas compañías biomédicas ha provocado una ausencia de datos disponibles que impiden el desarrollo de nuevas investigaciones en numerosos ámbitos.

Organizaciones como Science Commons fomentan que los data sets generados por cada institución científica y académica se conviertan en un gran recurso comunitario a disposición de todos los investigadores del mundo.

Datos abiertos para un gobierno transparente

En su primer día como presidente de Estados Unidos, Barack Obama firmó un memorando en favor de las prácticas de gobierno transparentes y abiertas. En mayo entró en funcionamiento Data.gov, un portal en que su administración proporciona acceso en formatos

data that by definition have no owner, such as gene sequences and basic environmental data, to the more general view that facts are not intellectual property. Facilitating the use of data from research financed with public monies, or being able to use and reshape fundamental data resources such as cartographic data are some of the aims of pro Open Data initiatives.

Free data for better science

Data generated by each specific scientific research project have significant additional value: they enable other scientists to initiate new projects thanks to the availability of these data. Providing access to the "data set" of each project makes it possible to save resources, avoid the duplication of efforts, and raise the level of ambition and complexity in each new research project. However, in fields like biotechnology, the fierce intellectual property protection of various biomedical companies has led to a lack of available data, which hinders the development of new research projects in numerous fields.

Organizations such as Science Commons are in favour of turning the data sets generated by each scientific and academic institution into a large community resource available to all the researchers in the world.

Open data for a transparent government

On his first day as President of the United States, Barack Obama signed a memorandum in favour of transparent, open governmental practices. In May, Data.gov became operational. It is a portal where his administration provides access to standard formats that can be reused on multiple datasets generated by the various governmental agencies.

Governmental activity generates huge amounts of data, and making that data available to everyone who wishes to examine it in depth or reuse it for new purposes has become one of the essential good practices for E-government policies. Organizations such as the Sunlight Foundation in the United States

estándares reutilizables a múltiples datasets generados por las distintas agencias gubernamentales.
La actividad gubernamental genera enormes cantidades de información, y poner esta información a disposición de todos los que quieran examinarla a fondo, o reutilizarla para nuevos fines, se ha convertido en una de las buenas prácticas esenciales para las políticas de E-Gobierno. Organizaciones como la Sunlight Foundation en Estados Unidos o MySociety en Gran Bretaña defienden que liberar y dar acceso a datos es una medida esencial para fomentar un gobierno más transparente y una democracia más participativa.

Datos para el debate público

El objetivo final de fomentar una cultura de la transparencia de los datos es hacer posible la discusión y debate en público de los procesos políticos, sociales y científicos que han generado estos datos. Por esto, uno de los objetivos de Visualizar 09 fué el desarrollo de nuevas estrategias para comunicar estos datos y devolverlos a la esfera del dominio público.

Para esto, además de emplear formatos como aplicaciones de software, mapas o infografías, los proyectos presentados utilizaron la pantalla de LEDs instalada en la fachada de Medialab Prado, con el fin de investigar qué clase de funciones pueden cumplir estos dispositivos para mejorar la comunicación y el diálogo con la ciudadanía.

José Luis de Vicente es investigador cultural, comisario y periodista especializado en innovación, cultura y tecnologías. Dirige el Programa Visualizar sobre cultura de los datos en Medialab-Prado, Madrid. Es uno de los fundadores de ZZZINC, una plataforma de investigación e innovación en cultura en Barcelona. Anteriormente ha sido subdirector de ArtFutura, comisario de Sónar y codirector artistico de OFFF.

or MySociety in Great Britain are in favour of freeing and giving access to data as an essential measure in fostering a more transparent government and a more participatory democracy.

Data for public debate

The end goal of fostering a culture of the transparency of data is to make public discussion and debate possible regarding the political, social and scientific processes that have generated said data. Consequently, one of the objectives of Visualizar 09 will be the development of new strategies for communicating these data and returning them to the public domain.

To do so, in addition to using formats such as software applications, maps or infographs, the projects used the LED screen installed on the facade of Medialab-Prado, in order to research what type of functions these devices can carry out to improve communication and dialogue with citizens.

José Luis de Vicente is a cultural researcher, curator and journalist specializing in the fields of innovation, culture and technology. He is the director of the Visualizar project on data culture at Medialab-Prado, Madrid. He co-founded ZZZINC, a cultural research and innovation platform based in Barcelona, and has been assistant director of ArtFutura, curator of Sonar and artistic co-director of OFFF.

Algunos proyectos producidos durante el taller:

In the air

Por Nerea Calvillo y colabodores.
El proyecto In the Air toma información recogida por varias estaciones colocadas por el propio ayuntamiento en todo el territorio de la ciudad de Madrid, y propone -con su herramienta digital- una visualización gráfica de las distintas partículas y gases.
http://intheair.es

Kultur-o-meter

De Atravesad*s por la cultura: Basurama.org (Pablo Rey), Traficantes de Sueños (traficantes.net), Mar M. Núñez (noez.org) y colaboradores.
Kultur-o-meter estudia las políticas culturales en Madrid mediante la obtención y análisis de datos cuantitativos, a partir de los presupuestos de las distintas instituciones, organismos públicos, fundaciones o empresas del sector. ¿Qué proporción destinan a personal y qué tipo de contratación utilizan? ¿Cuánto gastan en las actividades mismas y, de ellas, cuántas son eventos puntuales y cuántas promocionan de forma estable el tejido cultural de la ciudad? ¿Cuántos son proyectos subcontratados y a quién?
http://kulturometer.org/

The Pirate Pie.org

Por Mar Canet, Jaume Nualart, David Stolartsky y colaboradores.
¿Cuál es el daño real que la piratería hace a la industria musical y cinematográfica? ¿Tienen los piratas mejor gusto que los consumidores legales? ¿Qué es lo más pirateado? Realizado como homanaje The Pirate Bay, al borde de la desaparición después de la denuncia de un tribunal sueco, recientemente publicó sus 20 GB de torrents. Una ocasión única para homenajear el gran hub mundial de la piratería, a través de visualizaciones.
http://thepiratepie.org

Some projects developed during the workshop:

In the air

By Nerea Calvillo and collaborators.
The project aims to visualize the microscopic and invisible agents in Madrid's air (gasses, particles, pollen, diseases, etc.) in order to match their behavior, their reaction and interaction with the rest of the city.
http://intheair.es

Kultur-o-meter

By Atravesad*s por la cultura: Basurama (Pablo Rey), Traficantes de Sueños (traficantes.net), Mar M. Nuñez (noez.org) and collaborators.
The project has the objective of investigating cultural policies in Madrid through the gathering and analysis of numeric data, beginning with the City Government budget. The level of information transparency will be shown accordingly to the source and availability of data of each institution or event. Our goal is to expand the study in depth and breadth, include other city institutions, and manage to visualize these data in a way that citizens find easy and accessible. To do so, the group is open to new people interested in taking part in the research and the development of the tool.
http://kulturometer.org/

The Pirate Pie.org

By Mar Canet, Jaume Nualart, David Stolartsky and collaborators.
How much is piracy hurting the music and film industries? Do pirates have better taste than legal consumers? What can you pirate in the first place? The Pirate Bay, facing death by Swedish court, recently released their 20GB torrent database as a single download. hus, we may be creating a eulogy for a once great hub of piracy.
http://thepiratepie.org

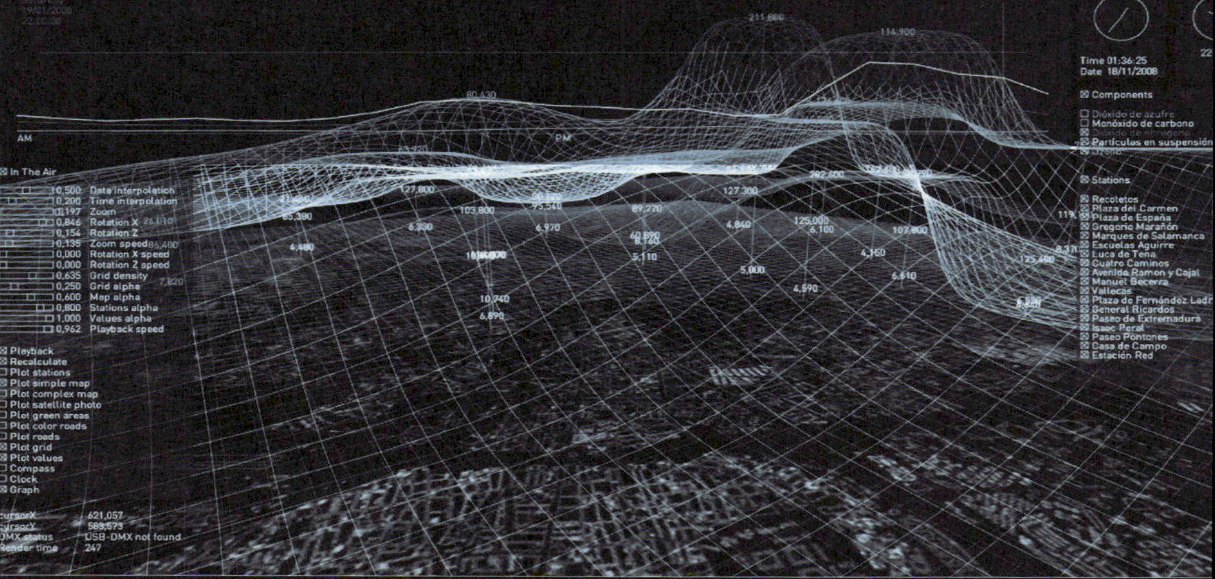

Time 01:36:25
Date 18/11/2008
Components
Dióxido de azufre
Monóxido de carbono
Dióxido de nitrógeno
Partículas en suspensión
Ozono
Stations
Recoletos
Plaza del Carmen
Plaza de España
Gregorio Marañón
Marques de Salamanca
Escuelas Aguirre
Luca de Tena
Cuatro Caminos
Avenida Ramon y Cajal
Manuel Becerra
Vallecas
Plaza de Fernández Ladr
General Ricardos
Paseo de Extremadura
Isaac Peral
Paseo Pontones
Casa de Campo
Estación Red
AM
PM
In The Air
0,500 Data interpolation
0,200 Time interpolation
0,197 Zoom
0,846 Rotation X
0,154 Rotation Z
0,135 Zoom speed
0,000 Rotation X speed
0,000 Rotation Z speed
0,635 Grid density
0,250 Grid alpha
0,600 Map alpha
0,800 Stations alpha
1,000 Values alpha
0,962 Playback speed
Playback
Recalculate
Plot stations
Plot simple map
Plot complex map
Plot satellite photo
Plot green areas
Plot color roads
Plot roads
Plot grid
Plot values
Compass
Clock
Graph
cursorX 621,057
cursorY 583,573
DMX status USB-DMX not found
Render time 247

KULTUROMETER.org

Visualización 26.11.09
16.46h

Leyenda

- Desconocido o no pormenorizado
- Pormenorizado en prensa o en licitaciones
- En presupuestos

Datos en euros
[M millones]

Fuentes

Munimadrid.es (Presupuesto 2009 y licitaciones)
Datos cedidos por Medialab (CSP Gabinete de medios)

Nota

No se incluyen gastos en cultura de las diferentes áreas de gobierno.
No se incluyen las modificaciones al presupuesto, el presupuesto del area de las artes aumenta en 41 millones de euros.

Escala gráfica

1 Millón = 1.000.000 = 1.0M
5 Millones = 5.000.000 = 5.0M
10 Millones = 10.000.000 = 10.0M

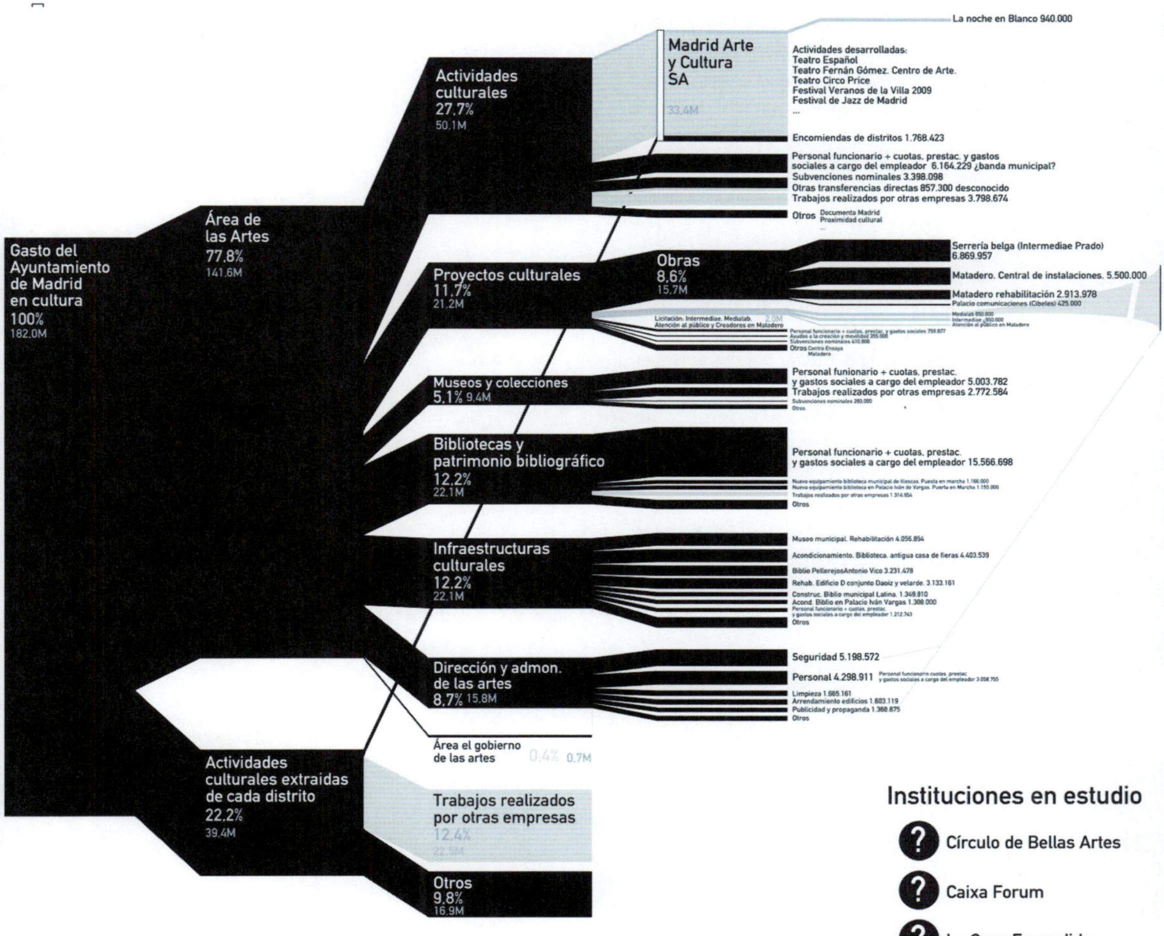

Instituciones en estudio

- ? Círculo de Bellas Artes
- ? Caixa Forum
- ? La Casa Encendida
- ? Museo Nacional Centro de Arte Reina Sofía
- ? Intermediae
- ? ...

Comparativa presupuestos 2009 Ayuntamiento de Madrid: Cultura / Otras áreas de gobierno

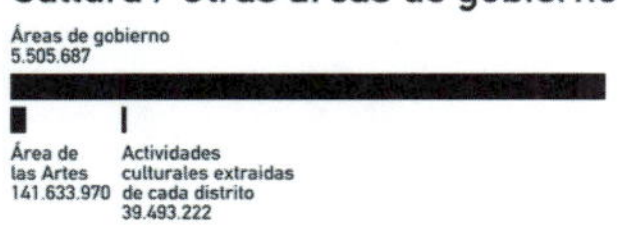

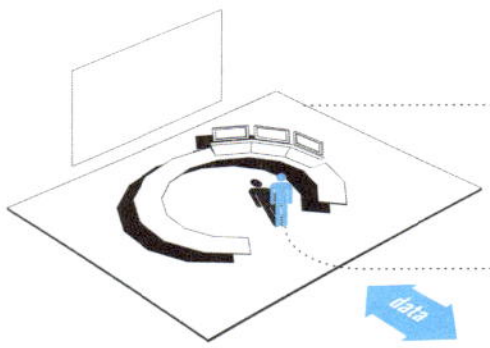

Alejandro González

(Des)enredando una Sala de Situación

Compartir mis reflexiones sobre las Salas de Situación me hace encontrarme con un problema inicial y fundamental: monitorizar `la realidad' exige poner las cartas sobre la mesa, ¿cuál es esta `realidad' de la que partimos? ¿cuál es la naturaleza de sus procesos fundamentales y cómo se supervisan éstos?

Diría que un modelo sencillo que se puede usar para figurar el mundo a determinada escala sería uno extraído de aquellos principios de Cuvier[1], que nos permitían comprender los organismos vivos desde la perspectiva de su anatomía, es decir, de su estructura física, de su interfaz-cuerpo. Cuvier dejaba entrever una estrategia evolutiva[2] formada por órganos centrales estables, protegidos y replicados en distintos contextos y periferias inestables, cambiantes, adaptables y singulares.

Este principio se materializa ciertamente a distintas escalas en la evolución del cuerpo del capitalismo posfordista, con órganos y periferias que son a la vez código fuente[3] y estructuras físicas-virtuales

----

1 Georges Cuvier (1769-1832). Precursor de la anatomía comparada, cuyos principios fueron ampliamente difundidos a lo largo de los siglos XIX y XX. Su obra más importante es Regne animal distribué d'après son organisation ("Reino animal distribuido a partir de su organización").

2 Esto es una interpretación personal, Cuvier no creía en la evolución de las especies.

3 El capitalismo como biopoder tiende a crear no sólo estructuras donde unos cuerpos se desplazan y viven de manera `neutral', sino también las actitudes, estilos de vida e identidades, modelos de resolución de problemas que determinan cómo lo hacen. Una capa más dentro de la complejidad de procesos que deben ser monitorizados si queremos emprender de manera realmente emancipatoria un proceso de supervisión de las estructuras de poder con la intención de horizontalizarlas.

(Dis)engaging a Situation Room

As I prepare to share my reflections on Situation Rooms, I am confronted by a crucial preliminary problem. If we are to monitor "reality," we must start by laying our cards on the table: what is the "reality" we are monitoring to begin with? What is the nature of its basic processes, and how do we monitor these process?

The principles laid down by Cuvier[1], which allow us to understand living organisms from the point of view of their anatomy – their physical configuration or body interface – are a simple model for representing the world at a particular scale that we can borrow from. Cuvier provided a glimpse into an evolutionary[2] strategy based on central organs protected and replicated in numerous unstable, changing, adaptable and singular contexts and peripheries.

This principle was actually materialised at several different scales in the evolution of the body of post-Fordist capitalism, with its organs and peripherals that are at the same time source code[3] and interconnected physical-virtual structures. Stable hearts and brains are

----

1 Georges Cuvier (1769-1832). A precursor of comparative anatomy, his principles were profusely disseminated in the 19th and 20th century. His most important work is Regne animal distribué d'après son organisation (translated into English as "The Animal Kingdom").

2 That is a personal interpretation: Cuvier did not believe in the evolution of species.

3 As much as a biopower, capitalism tends to create not only structures where some bodies move or live in a `neutral' fashion, but also the attitudes, lifestyles and identities, models for the resolution and compression of problems determining how they do so. A further layer within the complexity of the processes to be monitored if we are to understand in a truly emancipatory way a process of supervision of power structures with a view to horizontalising them.

interconectadas. Corazones y cerebros estables y replicados como bolsas y bancos, lobbies empresariales o estructuras de gobernanza `desde el voto' (que no necesariamente 'democráticas'). Periferias inestables como la realidad de los estados-maquiladora de sátrapas intercambiables y recursos mercenarios o las periferias migrantes, en fuga, de la homeostasis neoliberal. Estas últimas son significativas porque evidencian los riesgos de entender de forma demasiado literal y rígida un modelo estructural centro-periferia en un mundo líquido, donde los automatismos y las emergencias dibujan procesos impredecibles, irregulares y desterritorializados y no patrones sencillos fácilmente modelizables.

Otro modelo a destacar es el modelo Ciudad/Metrópolis. El mundo deviene urbanismo a todos los niveles, a nivel conceptual desde lo que hace algún tiempo Javier Echevarría denominó Telépolis[4], ese mundo-ciudad-red interconectado donde va dejando de tener utilidad práctica hacer demasiadas significaciones basadas en una distinción estricta real-virtual. Una imagen `teórica' que va acompañada de un proceso paralelo de efectiva transformación del territorio-mundo en una ciudad continua donde, del mismo modo que la dicotomía virtual-real, el binomio rural-urbano estalla y se recompone en tejidos mestizos, complejos, fragmentados; con la aparición de importantes limbos administrativos sin referentes administrativos que los taxonomicen y encuadren. Entender esta Ciudad nos obliga a pensarla fuera de los modelos urbanísticos de la Modernidad. Tal y como señala François Ascher[5] la ciudad, nuestra realidad, parece caracterizar su proceso histórico por una evolución acelerada en los movimientos de personas, bienes e información; por la disolución actual del sujeto masa y sus sistemas/culturas de producción y reproducción;

----

4 Javier ECHEVARRÍA. Telépolis, Ediciones Destino - 1994.

5 François ASCHER. Los Nuevos Principios del Urbanismo: el fin de las ciudades no está al orden del día, Alianza Editorial - 2004.

replicated as stock exchanges and banks, corporate lobbies and "ballot-based" (but not necessarily democratic) ruling structures. Unstable peripherals like maquiladora-states with interchangeable satraps and mercenary resources, or the fugitive migrant peripherals of neoliberal homeostasis. These are significant because they highlight the risks involved in using a literal, rigid structural model based on centre-periphery to understand a liquid world, in which automatisms and emergences trace unpredictable, irregular, deterritorialised processes rather than simple patterns that can easily be adopted as models.

Another relevant model is that of the City/Metropolis, in which the world is reduced to city planning at all levels, conceptually based on what Javier Echevarría once called the "Telepolis"[4] – that interconnected world-city-network in which it is becoming ever less useful to make too many significations based on a strict distinction between the real and the virtual. This "theoretical" image goes hand in hand with a parallel process involving the actual transformation of the world-territory into a continuous city in which the urban-rural pair – just like the virtual-real dichotomy – explodes, to be subsequently recomposed into hybrid, complex, fragmented tissues and administrative limbos, devoid of any framework to classify and manage them. In order to understand this City, we must think beyond the urban models of Modernity. As François Ascher[5] points out, the city, our reality, seems to be characterised by a historical process involving a gradual acceleration in the movement of people, goods and information. This leads to the blurring of the mass subject and its related productive and reproductive systems/cultures, and the emergence of temporary, sporadic (and once again deterritorialised) micropolitical groupings/conflicts, with the organic model of pre-contemporary cities. A dynamic,

----

4 Javier ECHEVARRÍA. Telépolis, Ediciones Destino - 1994.

5 François ASCHER. Los Nuevos Principios del Urbanismo: el fin de las ciudades no está al orden del día, Alianza Editorial - 2004.

y por la aparición de solidaridades/conflictos micro-políticos eventuales y esporádicos, nuevamente desterritorializados, frente al modelo orgánico de las ciudades pre-contemporaneas. Un mundo-ciudad dinámico, acelerado, cambiante y recombinante; en nuestro entorno de definición - Europa, dígase, `Primer Mundo'- con una presencia dominante en la creación de valor del trabajo cognitario, virtual y reticular. Las fábricas más valiosas de este barrio-Europa están en la red, ahora el móvil e internet forman la cadena de montaje y las cámaras que monitorizan esta situación no son de acero y vidrio como las que empleaba en su momento de manera innovadora Cybersyn para controlar la producción y sus fábricas, sino que crecerán necesariamente dentro de un feedback de unos y ceros interconectados.

Esta última afirmación ya nos va acercando de forma literal a donde quiero, en el fondo, acercarme con esta reflexión: a esos territorios donde parece que la monitorización de la realidad dibuja una complejidad tal que es capaz de confundirse en ella y que sólo puede ser reflejada por la inteligencia colectiva en procesos tan iterativos y dinámicos como los de la misma `realidad' que es observada, usando como interfaces las redes digitales. Esto parece construir una incipiente Red de Situación, ya existente aunque débil en su informalidad, desterritorializada y digital, fractal y compleja.

Tendríamos que valorar e inventar como podemos implementar dicha realidad-red desde los espacios físicos locales y como podemos cartografiarla[6] para darle potencia como herramienta dentro de estas intenciones de supervisión. O como podemos invertir las ingenierías de control existentes dándoles una

----

6 En ese sentido es destacar en estos primeros pasos la participación de Bureau d'Études, colectivo admirable con un trabajo de gran potencia en el campo de la cartografía de fenómenos que no son sólo espaciales como los que eran el campo tradicional de la misma, como son los procesos de la globalización capitalista o sus estructuras de poder.

accelerated, changing and recombining world-city in the environment that defines us, Europe, that is, the "first world," which dominates the creation of value in a cognitarian, networked, virtual world. The most valuable factories in this Europe-district are now located on the net. The mobile phone and the Internet are today's assembly line, but the cameras monitoring the situation are no longer made of steel and glass like those which were once used in a groundbreaking way by Cybersyn to control production at its plants. Instead, they necessarily develop within a feedback process of interconnected zeros and ones.

This literally brings us to the point I want to make in this introduction, which is linked to the spheres in which the monitoring of reality appears to be reflecting a situation of such complexity that it risks being caught up and subsumed into it. A situation that we can perhaps only attempt to reflect through collective intelligence in processes that are just as iterative and dynamic as those of the "reality" being observed, using digital networks as interfaces. This seems to suggest an incipient Situation Network, which already exists, even if it is still feeble in its formlessness and deterritorialised, but digital, fractal and complex.

There is a need to evaluate this network-reality and invent ways of implementing it locally in physical locations, and of mapping[6] it in order to empower its uses as a tool in the face of these attempts at monitoring. And ways of reverse-engineering existing control centres and endowing them with a dominant "citizen orientation"[7].

----

6 In this regard, we must underline in these first steps the involvement of the Bureau d'Études, a praiseworthy collaborative which has created a hugely powerful body of work in the field of cartography of not exclusively spatial developments it had traditionally focused on, like the processes of capitalist globalisation or its power structures.

7 We must point out that although useful in this context, it is a dangerous concept nearly always associated to the Participation it wishes to promote. The `citizen' as a depositary of rights is a subject omitting certain realities, like, for instance,the mi-

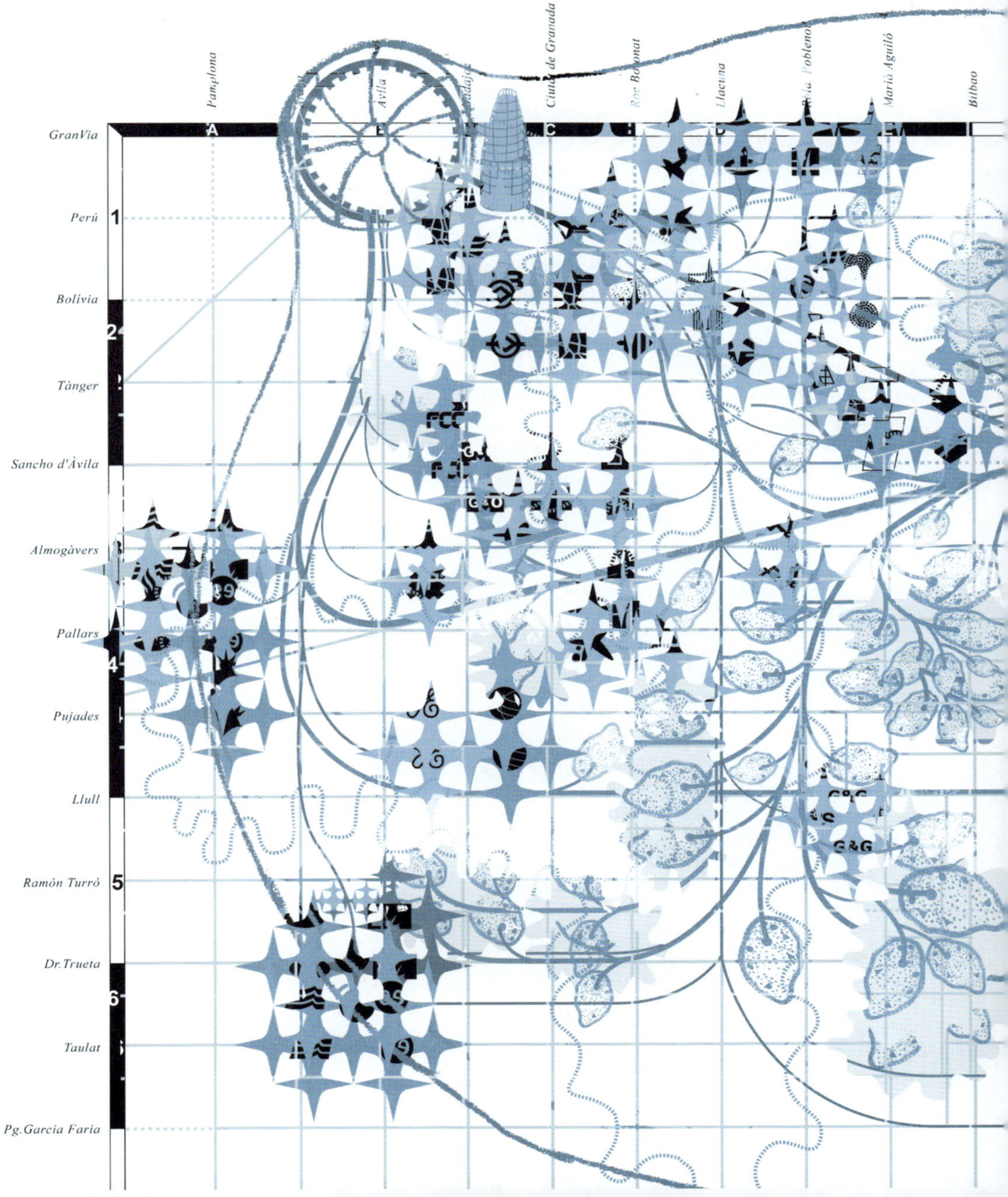
Pamplona
Àvila
Ciutat de Granada
Roc Boronat
Llacuna
Mariá Aguiló
Bilbao
A
B
C
D
E
GranVia
Perú
Bolívia
Tànger
Sancho d'Àvila
Almogàvers
Pallars
Pujades
Llull
Ramón Turró
Dr.Trueta
Taulat
Pg.Garcia Faria
1
2
4
5
6
FCC
G&O
G&G

dirección `ciudadana'[7] predominante. Como las Salas de Situación se pueden integrar en una Red de Situación, no entendiéndolas sólo como espacios físicos panópticos de control con un punto de vista único que llega a todos los sitios sin ser visto -, modelo de un pasado de masas y estados-nación-, sino como algo más complejo e impredecible, basado en espacios de participación, creación y empoderamiento constituidos en concentradores y catalizadores de inputs y outputs en/desde la realidad local desde/hacia la Red Global de Situación, formalizándola mediante la conexión de terminales, de monitores desconectados en un sistema abierto pero definido. Necesariamente entendido a su vez como espacio virtual más que físico, del modo que parecen pedir otros espacios sólidos de la modernidad, como los sindicales, en este mundo de complejidades en movimiento. Entender el mundo como un laboratorio a escala real exige plantear un experimento de supervisión donde los límites espacio-temporales sean producto de la emergencia imprevisible y sus solidaridades y no de principios seminales emitidos desde `especialistas' y 'técnicos', con todos los problemas añadidos de sus propios interfaces, relacionados con los poderes y códigos que se hace más necesario supervisar.

En resumidas cuentas, paradójicamente, si queremos estar a la altura de esta nueva `realidad' hay que co-crear una máquina incontrolable de control; una máquina que drene el poder y desarrolle solidariamente nuestras potencias. Esas que compartimos una vez empezamos a desterrar el individualismo/competitividad capitalista como código fuente de nuestras vidas, comenzando a sustituirlo por

7 Es de señalar que aunque aquí es útil, éste es un concepto peligroso, al que se asocia casi siempre la Participación que se quiere promover. El `ciudadano' como depositario de derechos es un sujeto excluyente de determinadas realidades, como la realidad migrante desregulada, por ejemplo. Como ya se ha señalado arriba, las periferias móviles de la migración son fenómenos determinantes y tienen que estar integradas como sujetos y objetos de los experimentos de monitorización, si éstos no quieren estar limitados desde su nacimiento.

The idea would be to integrate Situation Rooms into a Situation Network, so that they would no longer be panoptic, controlling, physical spaces in which a single, hidden gaze peers into all corners of life, rooted in a past consisting of masses and nation-states. Instead, they should become complex and unpredictable, based on spaces for participation, creation and empowerment, constituted as concentrators and catalysts of inputs and outputs into and out of local contexts and the Global Situation Network. In formal terms, it would involve terminals and monitors connected in an open system. It would necessarily be understood as a virtual rather than physical space, as seems to be required by other coherent spaces of modernism, such as labour unions, in this new context of shifting complexities. The vision of the world as a real-scale laboratory would require us to formulate monitoring experiments, in which the space-time parameters arise from unpredictable emergence and its affects, rather than from seminal principles declared by "experts" and "technicians" with all the additional problems of their own interfaces, linked to the powers and codes that have to be monitored.

To sum up, if we are to be capable of tackling this new "reality," we shall paradoxically have to co-create an "uncontrollable control machine," a machine capable of stripping power and co-developing our potential. This potential will be shared by all of us once we start to move away from the individualism and competitiveness of capitalism as the source code of our lives, and start to replace it with open source codes based on collective intelligence and on open, deterritorialised cooperation. hackitectura.net aims to move towards that diffuse but necessary direction, and remain coherent and reliable in its efforts to formulate those first steps. For the technological tools required to build these necessary mechanisms are certainly in our

grating reality. As we have already stated, the mobile migration peripheries are determinant phenomena and should be integrated as subjects and objects of monitoring experiments if they do not wish to be limited from the very moment of their inception.

códigos abiertos basados en la inteligencia colectiva y en la cooperación abierta y desterritorializada. La trayectoria de hackitectura se dibuja en esa dirección difusa y necesaria y les hace sólidos y creíbles planteando estos primeros pasos; porque ciertamente tenemos las herramientas tecnológicas para construir estos mecanismos necesarios y estamos en el momento de hacerlo.

Alejandro González es activista y creador, formado como arquitecto. Trabaja dentro de Arquitectura y Compromiso Social, donde coordina la plataforma Caja de Herramientas, que investiga/promueve un paradigma de arquitectura entendido como software/hardware libre basado en la reutilización y la autonomía (http://www.cajadeherramientas.cc).

possession, and we this is the right moment in which to do it.

Alejandro González is an activist and creator, who was trained as an architect. He works at Arquitectura y compromiso social (Architecture and Social Commitment), and coordinates the Caja de Herramientas (ToolBox) platform, which carries out research/promotion into an architectural paradigm that relies on architecture as a free software/hardware device based on recycling and autonomy (http://www.cajadeherramientas.cc).

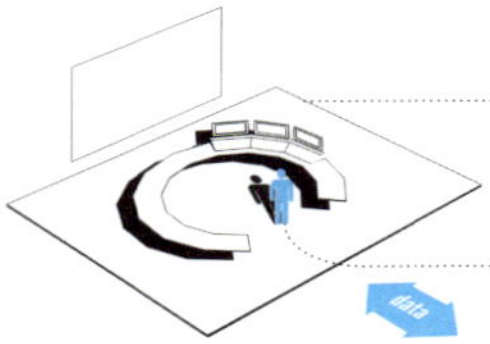

Sergio Moreno

Infraestructuras Autogestionadas Globales

Entrevista por Pablo de Soto

Situation Room se trata de una media-arquitectura, es decir, un dispositivo espacial con una parte tectónica (habitación + mobiliario) y otra parte consistente en elementos de hardware, software y redes. Esta combinación permitió, por ejemplo, conectar la Sala de Situación en LABoral bidireccionalmente con otros espacios. Esta acción fue realizada empleando tecnologías digitales libres.
Sergio Moreno es uno de los iniciadores del proyecto GISS (Global Independent Stream Support), una infraestructura global de servidores autogestionados que grupos y colectivos de todo el mundo utilizan de forma comunitaria para emitir sus propias "televisiones" en Internet. GISS funciona con software de licencia GPL, es decir, que las mismas comunidades que lo emplean pueden modificar y mejorar su código fuente. ¿En qué consiste GISS y que objetivos tiene? ¿Qué clase de trabajo y gerencia colaborativa lo ha hecho posible? ¿Cómo es su media-arquitectura?

GISS es una red digital de distribución de canales multimedia basados en formatos libres. Todos los canales son públicos y circulan libremente por Internet. Los datos se distribuyen desde servidores autogestionados y los usuarios no tienen que pagar por usar esta infraestructura independiente del mainstream mediático. Además, el software que se usa en las terminaciones de esta red para emitir o recibir la señal es software libre, que evoluciona con la comunidad y que no tiene coste para el usuario, que puede distribuirlo, modificarlo y adaptarlo a sus necesidades. Este conjunto conforma la infraestructura y el protocolo de una media-arquitectura abierta.

Técnicamente se trata de una red de emisión de audio y vídeo con soporte para los formatos libres Vorbis y Theora, de audio y vídeo respectivamente,

Autonomous Global Infraestructures

An interview by Pablo de Soto

Situation Room is an example of media-architecture, that is, a spatial dispositif consisting of a tectonic part (room + furnishings) and another part made up of hardware, software and network elements. This combination allows two-way links to be set up between the Situation Room at LABoral and other spaces, using free digital technologies.
Sergio Moreno is one of the initiators of the GISS (Global Independent Streaming Support) project, a global infrastructure of self-managed servers designed to be used communally by groups and collectives around the world to broadcast their own "television" over the Internet. GISS operates under a GPL license software, which means that the communities who use it can modify it and improve its source code. What does GISS consist of and what are its aims? What kind of collaborative work and management has made it possible? What is its media-architecture set-up?

GISS is a digital distribution network of multimedia channels based on free formats. All the channels are public and circulate freely on the Internet. Data are distributed through self-managed servers and users are not charged for the use of this infrastructure, which functions independently of the mainstream media. Furthermore, the network terminations that transmit and receive the signal use free software, which develops along with the community and is cost-free for users, who can distribute, modify and adapt it to their needs. These are the conditions that make up the infrastructure and protocol of an open media-architecture.

In technical terms, GISS is an audio and video transmission network that supports the free formats Vorbis (audio) and Theora (video), encapsulated in the similarly free Ogg format, as an alternative to proprietary formats like avi and mpeg. It operates on a series of

encapsulados en el formato también libre Ogg, como una alternativa a formatos propietarios como son *avi* o *mpeg*. Opera sobre una serie de servidores Icecast que distribuyen la carga producida por los múltiples canales que se emiten de manera simultánea. Diversos colectivos y organizaciones aportan desinteresadamente recursos a esta red, entre ellos hangar.org, psand.net, goto10.org, piksel.no, labbs.net...

Por otro lado, es una plataforma de investigación y desarrollo que surge de la necesidad de disponer de herramientas de software libre para la emisión y gestión de contenidos multimedia. Yves Degoyon y Lluis Gómez, los desarrolladores principales, trabajan en varias líneas: LiveCds con amplio soporte de hardware para experimentar con el software que permite realizar emisiones en directo usando codecs libres (gstreamer, ffmpeg2theora, pure data, freej); aplicaciones de escritorio o *front ends* para gstreamer y ffmpeg2theora; Distributed Multimedia Database, una aplicación de gestión online de contenidos enlatados; una versión experimental de Icecast que mejora el balanceo de carga; aplicaciones cartográficas para la visualización de datos y conexiones; incluso un mezclador de vídeo que se controla mediante una interfaz web.

Sin embargo, creo que la clave de esta plataforma es el componente humano. El apoyo técnico que el equipo ha aportado a distintos eventos relacionados con cultura libre, el software libre, los foros ciudadanaos y el arte digital experimental como son El Foro Social Mundial de Portoalegre, Fadaiat, Piksel, Hackmeetings, Oxcars, han servido para experimentar con estas tecnologías libres y darles difusión pero sobre todo para crear una red de personas y colectivos que colaboran y usan GISS. En estos casos, GISS da soporte técnico, pero lo hace presencialmente. Varias personas se trasladan al lugar del evento a colaborar en el montaje del set up técnico y en la realización. Y bien sea por empatía, o por compromiso, la gente se identifica con el proyecto y tarde o temprano hace sus aportaciones. Con esto quiero decir, que a diferencia de otras iniciativas, GISS es una combinación de

Icecast servers that distribute the load produced by the different channels that are broadcast simultaneously. Several collectives and organisation selflessly contribute resources to this network, including hangar.org, psand.net, goto10.org, piksel.no, labbs.net...

On the other hand, GISS is also a research and development platform that emerged in response to the need for free software tools for multimedia content transmission and management. Its principal developers, Yves Degoyon and Lluis Gómez, work along several lines: LiveCds with broad hardware support for experimenting with streaming software based on free codecs (gstreamer, ffmpeg2theora, pure data, freej); desktop or front-end applications for gstreamer and ffmepeg2theora; Distributed Multimedia Database, an online management application for canned content; an experimental version of Icecast that improves load balancing; mapping applications for visualization of data and connections; and even a video mixer controlled via a web interface.

However, I think that the key element in this platform is the human component. The technical team has provided support to numerous events in the areas of free culture, free software, citizen forums and experimental digital art, such as the Porto Alegre World Social Forum, Fadaiat, Piksel, Hackmeetings and the oXcars, which offered opportunities to experiment with and spread these free technologies and, above all, to build a network of people and collectives that work together and use GISS. The GISS team provides technical support in these cases, and it does so in person. Several people from the team travel to the place where the event will be held to collaborate with the technical set up and production process. And experience has shown that people identify with the project, either through personal empathy or ideological commitment, and end up making contributions. What I mean is that, unlike other initiatives, GISS works by combining digital tools and infrastructures, but also people. The people who participate in the GISS project monitor the channels that are broadcast from multiple locations, provide remote technical support via IRC rooms, monitor the

herramientas digitales e infraestructuras, pero también de personas. La gente que participa en GISS sigue los canales que se emiten desde otros lugares, da soporte técnico remoto desde salas de IRC, monitoriza la red, participa en las emisiones, experimenta mezclando señales, improvisa, crea y cacharrea. Eso es lo que lo hace distinto. Que no es una simple y aséptica media-arquitectura sino una pura performance participativa.

Situation Room es uno de los módulos incluidos en el prototipo WikiPlaza, una máquina urbana que produce un espacio público híbrido y participativo, mediado por tecnologías. El experimento más importante hasta la fecha se instaló en la Plaza de la Bastilla en el contexto del Festival "Future en Seine" sobre contenidos digitales y la ciudad del futuro. Específicamente, ¿qué función y cómo resultó el módulo Sala de Situación en la Wikiplaza en París?

El Situation Room de la Wikiplaza que se instaló en París se diseñó para que funcionase como un espacio experimental de gestión distribuida que incorporaba una infraestructura pública de acceso a la red, varios sistemas de visualización *plug and show*, y diversas herramientas para la gestión y producción de contenidos e información. Una máquina para la acción.

El colectivo labomedia.net desarrolló un mapa participativo (metamap.fr), en el que se podían colgar y georeferenciar imágenes, vídeos, textos, canales RSS; un sistema de triple proyección y varias pantallas de gran formato con entrada desde cualquier ordenador permitía varias actividades simultáneas en el interior, en las que proyectar mapas, vídeos, presentaciones y visuales algorítmicos de diversa índole; un rack con matrices de vídeo analógico y digital permitía canalizar cualquier señal hacia cualquiera de las pantallas o hacia la mesa de realización; mediante una aplicación web se gestionaba colaborativamente el programa de actividades de los espacios de la Wikiplaza; a través de la interfaz web de la Distributed Multimedia Database se archivaba y etiquetaba cada cápsula de vídeo que se emitía en directo; un patch de pure data, mezclaba

network, participate in broadcasts, experiment with mixing signals, improvise, create and tinker. This is what sets the project apart. The fact that it is not just an aseptic media-architecture, but pure participative performance.

Situation Room is one of the modules in the WikiPlaza prototype, an urban machine that produces hybrid, participative public space, mediated by technology. The most important WikiPlaza experiment to date was set up at Place de la Bastille as part of the "Futur en Seine" festival around digital content and the city of the future. What was the specific function of the Situation Room module at the WikiPlaza in Paris, and what was the outcome?

The Situation Room at the WikiPlaza in Paris was designed to operate as an experimental space for distributed management, incorporating a public infrastructure for network access, several plug-and-show visualization systems, and a series of tools for the management and production of information and content. A machine for action.

The labomedia.net collective developed a participative map (metamap.fr) on which people could post and geo-reference images, videos, texts, RSS channels; a triple projection system and several large format screens that could connect to any computer allowed many activities to take place simultaneously, with projections of maps, videos, presentations and all kinds of algorithmic visuals; a rack with analogue and digital video matrixes made it possible to channel any signal to any of the screens or to the production table; a web application was used for collaborative scheduling of activities in the WikiPlaza; the Distributed Multimedia Database web interface was used to archive and tag video capsules that were broadcast live; a pure data patch mixed the different camera signals in digital format; another interface was used to manage the live audio and video broadcast of all activities each day, and there were even a couple of video editing suites. At the Situation Room we were able to carry out a de-

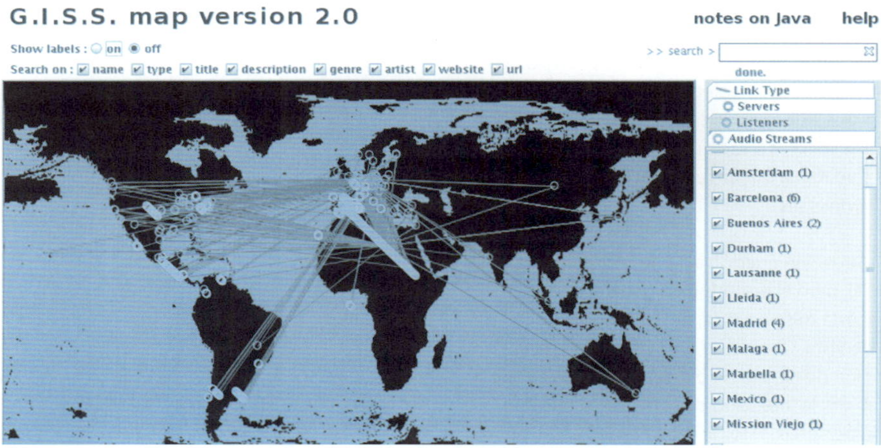
G.I.S.S. map version 2.0
notes on Java
help
Show labels : on off
Search on : name type title description genre artist website url
>> search >
done.
Link Type
Servers
Listeners
Audio Streams
Amsterdam (1)
Barcelona (6)
Buenos Aires (2)
Durham (1)
Lausanne (1)
Lleida (1)
Madrid (4)
Malaga (1)
Marbella (1)
Mexico (1)
Mission Viejo (1)

en digital las distintas señales de cámara; desde otro interfaz se gestionaba la emisión en directo en audio y vídeo de todas las actividades del día; había incluso un par de puestos de edición de vídeo.

El montaje de esta sala sirvió para desarrollar un trabajo de diseño y producción muy enriquecedor para todo el equipo que participó y sirvió como instrumental de apoyo para los otros usos de la Wikiplaza en los que hubo talleres, presentaciones, entrevistas, proyecciones de vídeo, performances, sesiones de música y vídeo, etc. Creo que fue una muestra más de que la tecnología low-tech, el software libre y los protocolos abiertos se pueden llevar a la calle para crear otro espacio público mediatizado pero más participativo incluso en una condición urbana tan compleja como la de la Plaza de la Bastilla.

Sin embargo, creo que como espacio de acción social la Sala de Situación quedó infrautilizada por diversos motivos. El más importante fue el escaso plazo que tuvieron nuestros colaboradores en París del colectivo Labomedia para desarrollar el proceso de dinamización local. El trabajo de Corinne Laurent que coordinó todo el proceso fue excelente, pero el proceso se inició aproximadamente un mes antes del evento, con muy poco margen para contactar con colectivos de la zona para explicarles el proyecto y crear una red de participación ciudadana que hiciese suya la agenda de actividades. El resultado fue una buena colección de presentaciones, talleres y performances en las que intervinieron personas y colectivos afines al proyecto, pero en las que hubo una escasa representación de los movimientos sociales. Creo que sin ellos, una Sala de Situación ciudadana queda reducida a una demo de tecnologías diversas.

La Sala de Situación quedó 'vacía' de contenidos de acción social, pero el prototipo en general quedó tocado por esta misma causa, desinflado, desde mi punto de vista. Otra causa fue la densidad de la programación diaria, que se diseñó con un exceso de actividades con la intención de convocar al máximo número de personas. Esto tampoco ayudó al proyecto.

sign and production process that was highly enriching for all the participants, while the set-up was instrumental in providing support for other uses of the WikiPlaza, which included workshops, presentations, interviews, screenings and projections, performances, music and video sessions, etc. I see the project as further proof that low-tech technology, free software and open protocols can be taken onto the streets and used to create another mediatized but more participative kind of public space, even in an urban situation as complex as Place de la Bastille.

However, I think that the Situation Room's potential for social action was underused for a series of reasons. The main one has to do with the short notice or lead time that our collaborators from Labomedia in Paris were given to work on the local dynamization process. Corinne Laurent, who coordinated the whole process, did an excellent job, but the process only began around one month before the event. This allowed very little margin for contacting local collectives to explain the project to them and set up a citizen participation network that could take over the activities program and make it their own. The result was a good collection of presentations, workshops and performances with interventions from individuals and collectives working along similar lines as the project, but very little representation from social movements. And without them, a citizen Situation Room risks becoming simply a demo of different technologies.

The Situation Room was "empty" of social action content, but I felt that the same problem affected the WikiPlaza prototype overall, which was flat, in my opinion. Another reason was the densely packed daily schedule, which programmed an excessive number of activities in order to attract as many people as possible. This didn't help the project either. The strategy would have been valid if the participants had emerged through a dynamization process in stages, with collaborative decision making, sharing out of tasks, planning and setting common objectives – a multitude, but an organized one. The reality was a different story: a non-stop series of activities, one after the other, almost without

cap digital

Hubiese sido válida si el grupo de participantes hubiese surgido de un proceso de dinamización por fases, en el que se toman decisiones en conjunto, se distribuyen tareas, se diseña la acción y se marcan objetivos comunes, o sea, una multitud pero organizada. La realidad fue otra, se sucedían las actividades sin parar, casi sin descanso, con poca sinergia entre ellas y por tanto con poco margen de flexibilidad horaria. Esta situación, a lo largo de los días fue sobrecargando de trabajo al equipo de dinamización y al equipo técnico. Era una preparación y un montaje técnico tras otro. Durante el desarrollo del evento tampoco supimos explicar a la organización lo necesario que era tener una cierta flexibilidad en otros temas relacionados con la programación, la seguridad del recinto o el horario que hubiesen permitido dar cabida a situaciones urbanas esporádicas a las que no queríamos renunciar. Pero creo que la clave fue la falta de entendimiento con la organización a la hora de priorizar el proceso de dinamización, la sustancia desde la que se construía el proyecto.

En 2006 escribiste un ensayo "Arquitectura algorítmica y sistemas colaborativos" que se publicó en el libro "Fadaiat: Libertad de movimiento, libertad de conocimiento". Tus tesis sobre la importancia de una "arquitectura" digital abierta son análogas a las de Tim Berners Lee, o Alex Galloway en "Protocol".
Desde que escribiste el texto el fenómeno de la digitalización ha eclosionado hacia un escenario, por una parte, de uso masivo de la web mediado por servicios centralizados corporativos, y por otra, de lucha por los derechos humanos digitales y por conservar la arquitectura actual de la red, en el que elementos tan vitales como su neutralidad o el protocolo P2P están amenazados.
¿Cómo sientes el momento actual de La Red?

Creo que entonces especulábamos con el futuro. Pero el futuro ya está aquí. Antes éramos pocos pero una buena parte trabajábamos con tecnologías libres aplicadas a la participación ciudadana, conscientes del valor que a largo plazo tendría cualquier iniciativa que

a break, and without much synergy among them, and therefore not much flexibility in terms of time. As the days went by, this generated work overload for the dynamization and technical teams. It was one preparation and technical set-up after another. Also, we didn't manage to make the organizers understand the importance of having a degree of flexibility in aspects like programming, the security of the premises and opening hours, which would have allowed us to make room for occasional urban situations that we didn't want to ignore. But I think that the key problem was the failure to reach an understanding with the organization in terms of prioritizing the dynamization process, which was the essential substance of the project.

In 2006 you wrote an essay, "Algorithmic Architecture and Collaborative Systems," which was published in the book "Fadaiat: Freedom of Movement, Freedom of Knowledge." Your theses on the importance of open digital "architecture" are analogous to those of Tim Berners Lee, or Alex Galloway in "Protocol."
In the time elapsed since you wrote this text, the digitalization phenomenon has given way to a scenario where on one hand, there is a massive use of the web mediated by centralized corporate services, and on the other, a struggle for digital human rights and to preserve the current architecture of the net and protect endangered aspects that are vital to it, such as its neutrality and the P2P protocol.
What are your feelings on the situation of the Net today?

I think that we were speculating with the future back then. But the future is here. We were few, but most of us worked with free technologies applied to citizen participation, conscious of the long-term value of any initiative constructed on the base of a free net architecture and recognition of collective intelligence.

It is a very complex subject, I can talk from my own experience. In 2003, with a group of hackers, we devised a project called Al-jwarizmi (named after the inventor of the algorithm), which consisted of a multi-user

se construyese sobre la base de una arquitectura libre de la red y sobre el reconocimiento de la inteligencia colectiva.

El tema es muy complejo, yo puedo hablar desde mi propia experiencia. En el año 2003 con un grupo de hackers ideamos un proyecto llamado Al-jwarizmi (del inventor del algoritmo) que consistía en un prototipo multiusuario para la producción distribuida y descentralizada de audio/vídeo en tiempo real usando low-tech o tecnologías caseras. Este proyecto nacía de un compromiso radical con la libertad en la red. Pensábamos en la posibilidad de tender puentes, de romper barreras de comunicación, de proponer alternativas al control de los medios de comunicación verticales. El proyecto no llegó a desarrollarse del todo, en parte por la falta de infraestructuras y por la complejidad del dispositivo. Sin embargo, esa misma falta de recursos fue lo que nos llevó a construir GISS, que en aquel momento centró sus esfuerzos en hacer posible técnicamente la emisión y la distribución de las señales usando tecnologías libres y estándares abiertos, lo que constituía sólo una parte de Al-Jwarizmi. Habían pasado dos o tres años y habían mejorado las infraestructuras y GISS funcionaba a medias en el 2005 y bastante bien en el 2006. Otras infraestructuras, otros protocolos y otros agenciamientos colectivos parecían posibles.

Por aquella época se publicó el texto *Arquitectura algorítmica y sistemas colaborativos* en el que se hablaba de que el intercambio y la transformación de información en tiempo real se realizaba mediante lo que entonces llamaba arquitecturas intensivas, formadas por interfaces digitales, infraestructuras y código. Al-Jwarizmi/GISS es una arquitectura de este tipo. Pero también las nuevas redes sociales corporativas, como Facebook, Twitter, etc, que surgen en estos mismos años.

En el año 2005 empezamos a trabajar en el concepto de la Wikiplaza, con la intención de entretejer estas arquitecturas intensivas de la red con el espacio público tradicional. Desde entonces, los proyectos

prototype for distributed, decentralized audio/video production in real time, using low-tech or DIY technologies. This project grew out of a radical commitment to freedom on the net. We were thinking in terms of building bridges, breaking down communication barriers, putting forward alternatives to the control of vertical media. The project was never fully realized, partly because of a lack of infrastructures, and also due to the complexity of the dispositif. However, that same lack of resources led us to construct GISS, which back then focused on making it possible to broadcast and distribute signals using free technologies and open standards. This was only one part of Al-Jwarizmi project. Two or three years went by, infrastructures had improved, and GISS was working so-so in 2005 and quite well by 2006. Other infrastructures, other protocols and other collective arrangements seemed possible.

It was around this time that the text *Algorithmic Architecture and Collaborative Systems* was published. It spoke about real time data exchange and transformation, which was carried out through what was then called "intensive architectures," consisting of digital interfaces, infrastructures and codes. Al-Jwarizmi/GISS is an architecture of this kind. But new corporate social networks like Facebook, Twitter and so on also emerged during that same period.

In 2005 we started to work on the WikiPlaza concept, with the aim of interweaving these intensive network architectures with traditional public space. Since then, hybridization projects have come to fruition and spread through all facets of life: economy, work, culture, manufacturing, architecture, industry... Digital algorthimics has seeped into all kinds of processes, and digital interfaces are omnipresent.

But it is cause for concern that this transition towards a hybrid world is taking place without a clear social commitment. Specially because the most significant thing about this revolution is not the technological evolution of production processes, but the way that the hybridisation is occurring at the social level: social algorithmics.

de hibridación maduran y se multiplican en todas las facetas de la vida: la economía, el trabajo, la cultura, la fabricación, la arquitectura, la industria... La algoritmia digital se ha filtrado en todos los procesos, los interfaces digitales son omnipresentes.

Es preocupante, sin embargo, que esta transición hacia un mundo híbrido se está llevando a cabo sin un compromiso social claro, máxime, cuando precisamente lo más sobresaliente de esta revolución no es la evolución tecnológica de los procesos de producción en sí, sino cómo esta hibridación se produce en el plano social: la algoritmia social.

Claramente, hoy en día, la colaboración y la red social productiva es parte de la propia infraestructura del sistema. Pero me parece preocupante cómo intenta ser capturada por las corporaciones para convertirla en la lógica de la caja negra que mueve la red. Como nace un modelo de negocio kafkiano donde el que gana es el que tiene el control de los sistemas de gestión de la información, de las infraestructuras y del código que subyace en el mundo conectado. Por eso desde hace varios años hay una escalada por el control de la red y la información y lamentablemente, una respuesta tibia por parte de los gobiernos.

Mientras tanto parece como si la educación, la legislación, las instituciones y las prácticas políticas se hubiesen quedado obsoletas. Por doquier nacen proyectos comprometidos con el ciudadano que nacen tomando como referencia las experiencias de las comunidades digitales, como Wikipedia, o del movimiento del software libre, de la cultura libre y de otras prácticas en red autoorganizadas, respetando los principios de participación, libertad y neutralidad, y muy a menudo se encuentran con una tremenda falta de interlocución. Creo que ésto se debe a un conservacionismo institucional. A una conciencia limitada de las implicaciones que las redes y la tecnología de la información tienen en los cambios que se están produciendo. A una falta de reconocimiento del valor que tienen estas iniciativas de carácter ciudadano. A una cierta ceguera sobre las

Today, collaboration and the productive social network are clearly part of the infrastructure of the system itself. But it is disturbing to see how corporations seek to capture it and transform it into the logic of the black box that moves the net. To see the emergence of a Kafkian model in which winning means controlling the information management systems, infrastructures and code that underlie the connected world. This is why there has been an escalation of attempts to gain control of the net and information and, regrettably, a half-hearted government response.

In the meantime, it seems as though education, legislation, institutions and political practices have become obsolete. Projects with a commitment to citizens are emerging everywhere, looking to digital community experiences like Wikipedia and the free software movement, free culture, and other self-organized networked practices as a point of reference and respecting the principles of participation, freedom and neutrality, but they often come up against a total lack of interlocution. I think that this is due to the conservative nature of institutions. To their limited awareness of the impact of networks and information technology on the changes that are taking place. To their failure to recognise the value of these citizen initiatives. And to certain blind spot in regards to new production, management and decision-making practices, which they will have to start taking into account sooner or later.

But social algorithmics is a phenomenon that escapes any type of control, and will ultimately claim its rights. Civil society is already coping in the new hybrid territory and has become integrated into the new paradigm of a digitalized, collaborative, affective social network. The real demands and new rights are coming from citizens, who take theory and put it into practice, and are producing the new connected world that is on its way.

Perhaps it is time we began to migrate these systems from the citizen laboratory into governability. Only this will make a natural transition possible.

nuevas prácticas de producción, gestión y decisión, que más tarde o más temprano tendrán que tomarse en consideración.

Pero la algoritmia social es un fenómeno que escapa a cualquier tipo de control y que finalmente reclama sus derechos. La ciudadanía ya se desenvuelve en el territorio híbrido y se integra en el nuevo paradigma de la red social digitalizada, colaborativa y afectiva, y de ella emanan las reivindicaciones reales, los nuevos derechos: es la que lleva a una práctica real la teoría; es donde se fabrica el mundo conectado que viene. Quizás es hora de empezar a migrar estos sistemas desde el laboratorio de la ciudadanía hacia la gobernabilidad. Sólo así será posible una transición natural.

Creo que es el momento de aprovechar la oportunidad del momento actual para trabajar en torno a cinco aspectos fundamentales: el reconocimiento de los modelos procesuales en los que el resultado final no es el objetivo; el reconocimiento de que el ADN digital es tan valioso como el natural y que no debe ser capturado por manos privadas; el fomento de una educación que se sitúa en un nuevo territorio de conocimiento que se hace también de código, protocolos y algoritmos; la protección sin fisuras de la libertad de comunicación en la red; el compromiso con las nuevas formas de organización social. En definitiva, es momento de educar a los gobiernos en las nuevas prácticas sociales, de definir un nuevo marco legal acorde a la nueva realidad de la sociedad de la información y de respetar el papel central que juega el ciudadano.

Sergio Moreno Páez, cofundador de hackitectura.net, estudia Arquitectura en la Escuela de Sevilla y es administrador de sistemas. Ha participado en diversos proyectos ciudadanos y artísticos en el espacio público usando software libre y video a tiempo real: GISS (Global Independent Stream Support, una plataforma global de videostreaming libre), Proyecto Paso (una performance en directo con colaboración remota), M1ML (una instalación interactiva) o la Plaza de las Libertades (un concepto de media-arquitectura urbana).

I think it is the right moment to take advantage of the opportunities offered by the current situation, and start work on five key areas: recognition of process models which are not result-focused; recognition that digital DNA is just as valuable as biological DNA, and should not fall into the hands of private interests; promotion of a different kind of education based on a new form of knowledge that is also made up of code, protocols and algorithms; unwavering protection of freedom of communication on the net; and a commitment to new forms of social organization. In short, the time has come to educate governments in new social practices, to define a new legal framework that is appropriate to the new information society context, and to respect the key role played by the individual.

Sergio Moreno Páez is student at Architecture School in Seville. Founder of hackitectura.net and system admin. He has participated in different citizen and artistic public space projects using live media and free software: GISS (Global Independent Stream Support, a global free videostreaming platform), Proyecto Paso (live and remote colaborative performance), M1ML (interactive and web connected installation), and Plaza de las Libertades (urban media-architecture concept).

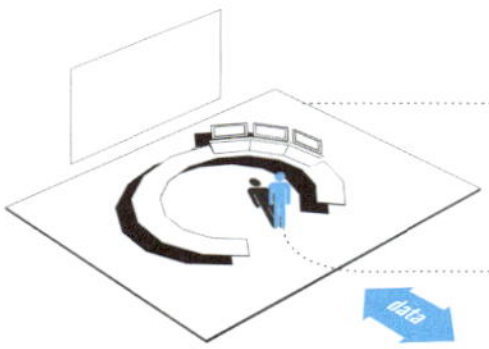

José Pérez de Lama

Arte como máquina ecosófica

Situation Room, 2008; Cybersyn, 1972

A principios de 2008 hackitectura.net presentamos el proyecto Situation Room en LABoral Centro de Arte y Creación Industrial de Gijón. Se trataba del prototipo/ simulación de una máquina socio-técnica, que subvirtiera el modelo del *war room* o sala de control que prolifera como espacio de *command & control* de las redes que se extienden desde hace 40 ó 50 años por todo el planeta: redes de flujos financieros, energéticos, de información, de tráfico, de mercancías y personas... La propuesta consistía en componer herramientas libres de *data mining*, procesado y visualización de información, redes de comunicación independiente y laboratorios de producción biopolítica para hackear el concepto de sala de control y transformarlo en una herramienta ciudadana, susceptible de ser multiplicada y de funcionar en modo distribuido. Y hacerlo en un entorno espacial e imaginario a medio camino entre la ciencia ficción y la estética de los hacklabs.

En el proceso de Situation Room, hackitectura.net contó con Eden Medina, Carolina Ossa y Enrique Rivera, investigadores y artistas que recientemente han sacado a la luz el proyecto *Cybersyn*, desarrollado por el gobierno de Salvador Allende entre 1970 y 1973. Casi en paralelo a los primeros pasos de Darpanet (1969), el proyecto seminal del que llegaría a generarse Internet, un grupo de jóvenes ingenieros y economistas convencieron al presidente chileno para contratar a un pionero cibernético llamado Stafford Beer, con el fin de diseñar y construir una red distribuida de información y comunicación para la gestión de las industrias nacionalizadas por el gobierno socialista. El sistema funcionaba con un sólo ordenador, debido al embargo al que estaba sometido el país, y usaba ingeniosos medios materiales y conceptuales, como eran el telex, las tarjetas perforadas, diapositivas que se

Art as ecosophic machine

Situation Room, 2008; Cybersyn, 1972

In early 2008, hackitectura.net presented a project entitled Situation Room at Laboral Art and Industrial Creation Centre in Gijón, Spain. The project consisted of a prototype/simulation of a socio-technical machine that would subvert the model of war room or control room that has proliferated as a space for the command and control of the networks that spread throughout the planet over the last forty or fifty years: networks of finance, energy, information, traffic, goods and people flows. The Situation Room project set up an assemblage of free data mining, processing and visualization tools, independent information networks and biopolitical production labs in order to hack the concept of a "control room" and transform it into a citizens' tool, with the potential to be reproduced and organized in distributed mode. The team presented the prototype in a spatial imaginary environment that lay somewhere between science fiction and the hacker aesthetic.

For the development of the Situation Room project, hackitectura.net was joined by Eden Medina, Catalina Ossa and Enrique Rivera, researchers and artists who have recently being working towards recovering Cybersyn, a project developed by Salvador Allende's Chilean government between 1970 and 1973, and bringing it back into the public focus. Almost concurrently with the first steps of the seminal Internet project Darpanet (1969), a group of young engineers and economists persuaded Allende to hire a pioneering cybernetician called Stafford Beer, with the goal of designing and building a distributed information and communication network to manage the industrial facilities that were being nationalized by the socialist government. Due to the international blockade on Chile, the system had to work with a

retro-proyectaban en pantallas y sistemas conceptuales y visuales para el análisis y la interpretación de datos complejos (*Viable System Model*), para llevar a cabo tareas que hoy haríamos con tecnologías disponibles al público en general.

En las primeras fases de desarrollo la aplicación del sistema logró minimizar los efectos de una huelga del transporte dirigida en contra del gobierno. Este éxito supuso que el joven promotor del sistema, Fernando Flores, fuera nombrado ministro de Economía. En las fotos de la época vemos a un grupo de barbudos y melenudos veinteañeros que se hicieron responsables de la política económica, y del desarrollo de este insólito proyecto de cibernética socialista.

La sala de operaciones, *Opsroom* (1972), que ahora han reconstruido Carolina Ossa y Enrique Rivera, en colaboración con Simón Beer, hijo del cibernético, era una de las piezas más llamativas desde el punto de vista del imaginario. Fue proyectada por Gui Bonsiepe, diseñador alemán, tomando, entre otras, la referencia de la escenografía de la película *2001 A Space Odissey* (1968). El concepto era que cada fábrica contara con una sala de este tipo, y que el sistema no fuera centralizado sino *homeopático*, con el modelo de los *chakras* del cuerpo humano del pensamiento budista – un sistema auto-organizado escribía Stafford Beer. El golpe de estado acabó con el proyecto, y desde entonces había pasado a ser materia de leyendas urbanas. Hoy nos pone de manifiesto que desde el principio era posible ensamblar otras máquinas con los mismos componentes que venían usando los militares y las corporaciones.

single computer. It ingeniously deployed physical and conceptual media such as telex, perforated cards, slides projected on screens, and a specially designed visual system to analyze and interpret complex data sets (Visible System Model), in order to develop tasks that would be performed today with technologies available to the general public.

In its early development stages, Cybersyn's deployment was able to minimize the effects of a transportation strike organized against the Allende government. This success led one of the project's young leaders, Fernando Flores, to be promoted and appointed minister of economy. Photographs of the time show a group of bearded, long-haired youngsters who were in charge of the nation's economic policies and of the development of this extraordinary project in socialist cybernetics.

The Operations Room (Opsroom, 1972) recently rebuilt by Carolina Ossa and Enrique Rivera, in collaboration with Simon Beer, son of the pioneering cybernetician (an installation that can be seen at ZKM Karlsruhe), was one of the most outstanding elements of the system, particularly from the point of view of its imaginary. It was designed by the German industrial designer Guy Bonsiepe, who was inspired by the scenography of Kubrik's 1968 film "2001 A Space Odyssey" among other sources. The original idea involved setting up one of these rooms in every factory, so that the system did not become centralized but distributed – "homeopathic," according to the Buddhist chakra model of the human body –, a "self-organized" system, as Stafford Beer wrote. The coup brought the project to a premature end, and has since become the subject of urban legends. Subsequent events have showed us that it was indeed possible to link other machines with the same components used by the military and corporations.

----

1 **Félix Guattari**, 1995 (traducido por Paul Baines, Julian Pefanis; edición original francesa de 1992), **Chaosmosis. An Ethico-aesthetic Paradigm**, Indiana University Press, Bloomingdale-Indianapolis

Prácticas artísticas de carácter político

"Mis actividades profesionales en el campo de la psicoterapia, así como mis compromisos políticos y culturales, me han llevado a poner un énfasis creciente sobre la subjetividad como producto de los individuos, grupos e instituciones" (Guattari, 1995: 1).

Félix Guattari propone un paradigma ético-estético como *metamodelo* de la producción de subjetividad y, por extensión, de la práctica política contemporánea. Esta aproximación está estrechamente conectada a otro concepto guattariano como es el de ecosofía. La hipótesis de este texto propone un trayecto opuesto en cierto modo, esto es, tomar los conceptos guattarianos de máquina y de ecosofía para definir hoy la práctica artística de carácter político[1].

Se trata de una hipótesis que hackitectura.net viene llevando a la práctica en la producción que desarrolla, en colaboración con múltiples colectivos y personas, desde aproximadamente el año 2001; un proceso que no partió de los conceptos de Guattari sino que ha ido encontrándose con éstos, desde una aproximación inicial que se inspiraba en la recombinación de neo-situacionismo, cultura del software libre, ciencia ficción ciberpunk y teoría cíborg.

El concepto de máquina en Guattari

Usaremos en este texto el concepto de máquina en Guattari según lo presenta en *Chaosmose* (1992). Por la fecha de su publicación, coincidente con el año de su muerte, podemos considerarlo como uno de sus testamentos filosóficos. Para Guattari, máquina es un concepto tremendamente polisémico y rico, que emplea en múltiples escalas y con diferentes matices.

----

1 Nicolas Bourriaud (2008, pp: 127-129) discute también acerca de una praxis artística ecosófica, aunque sus argumentos, más próximos al propio Guattari, son diferentes de los que aquí se presentan. Gerald Raunig (2008) también ha escrito recientemente sobre las relaciones entre máquinas, movimientos sociales y nuevas prácticas artísticas.

Artistic practices of a political nature

"My professional activities in the field of psychotherapy, like my political and cultural engagements, have led me increasingly to put emphasis on subjectivity as the product of individuals, groups and institutions". (Guattari, 1995: 1).

Félix Guattari posits an ethico-aesthetic paradigm as a metamodel for the production of subjectivity and, by extension, of contemporary political practice. This approach is closely linked to another Guattarian concept, "ecosophy". The hypothesis of this text is based on a reversal of this model, that is, to take the Guattarian concepts of machine and ecosophy in order define contemporary artistic practice[1].

This is a hypothesis that hackitectura.net has been putting into practice, in collaboration with numerous collectives and individuals, since approximately 2001. A process that didn't originally depart from Guattari's concepts, but has been gradually discovering and converging with them from an original starting point based on a recombination of neo-situationism, free software culture, cyberpunk science fiction and cyborg theory.

The concept of machine according to Guattari

This text shall use Guattari's concept of machine, as set out in his book *Chaosmosis* (1992). For Guattari, the concept of machine is broadly polysemous, and he applies it at different scales and with a wide range of nuances. As the author wrote in his most generally used definition: *"From now on the machine will be conceived in opposition to structure, the latter associated with a feeling of eternity and the former with an*

----

1 Nicolas Bourriaud (2008, pp: 127-129) also discusses an ecosophic artistic praxis, although his arguments, closer to Guattari's own, are different to those set out here. Gerald Raunig (2008) has also written recently on the relations between machines, social movements and new artistic practices.

Su acepción más general es descrita por al autor tal que así: *"De ahora en adelante la máquina será concebida en oposición a la estructura, ésta última asociada con el sentimiento de eternidad y la primera con la conciencia de finitud, precariedad, destrucción y muerte"* (Guattari, 1995: 58).

En otra aproximación el autor distingue diversos niveles de intensidad ontológica de la máquina e identifica *avatares* tecnológicos, sociales, semióticos y axiológicos del maquinismo, lo que *"implica una reconstrucción del concepto de máquina que va más allá de la máquina técnica"* (1995: 34).

En *Chaosmose*, Guattari, presenta el concepto de máquina más específicamente en relación con la producción de subjetividad. En *Las tres ecologías* (1989)[2], que sería la segunda de las referencias principales de este texto, lo presenta más vinculado a la producción de mundo, que como el título avanza, se propone como interacción entre ambiente, socius y psique.

Una máquina sería un ensamblaje de componentes heterogéneos que dan lugar a un cierto acontecimiento de lo real. Los componentes serán sociales, subjetivos, tecnológicos, energéticos, corporales, espacio-temporales. Con Guattari, podemos hablar de máquinas a diferentes escalas, como cuando decimos la máquina capitalista posfordista, la máquina televisión, la máquina web 2.0, la máquina universitaria, la máquina centro social; máquinas de deseo, máquinas de creación estética (1995: 54). En mi interpretación, como en Foucault (Deleuze, 1987)[3], las máquinas acotan lo visible y lo enunciable, y establecen unas ciertas relaciones de poder.

Cabría destacar el énfasis que hace Félix Guattari en lo maquínico como instancia de producción de subjetividad:
"¿Deberíamos mantener separadas de la subjetividad psicológica las producciones semióticas de los mass

awareness of finitude, precariousness, destruction and eath" (Guattari, 1995: 58).

In another interpretation, the author identifies technological, social, semiotic and axiological avatars of the machinic, involving *"a reconstruction of the concept of machine that goes far beyond the technical machine"* (1995: 34).

In *Chaosmosis*, Guattari presents a concept of machine that is more specifically linked to the production of subjectivity. In *The Three Ecologies* (1989)[2], the second of the main references for this text, he further presents the machine in terms of the production of worlds, which, as the book's title announces, is posited as the interaction between environment, socius and psyche.

To Guattari, a machine is an assemblage of diverse components – social, subjective, technological, energy-related, bodily and space-time – that lead to a certain occurrence of the real. And so we can speak of the post-Fordist capitalist machine, the television machine, the web 2.0 machine, the university machine, the social centre machine; machines of desire, and machines of aesthetic creation (1995: 54). In my interpretation, as in Foucault's (Deleuze, 1987)[3], machines delimit the visible and the expressible, and establish specific relations of power.

It is worth noting the importance that Félix Guattari gives to the machinic as an instance in the production of subjectivity:
"Should we keep the semiotic productions of the mass media, informatics, telematics and robotics separate from psychological subjectivity? Just as social machines can be grouped under the general title of Collective Equipment, technological machines of information and communication operate at the heart of human subjectivity, not only within its memory and intelligence, but within its sensibility, affects and unconscious fantasms. Recognition of these machinic dimensions

2 Félix Guattari, 2000 (original French edition 1989), Las tres ecologías, Pre-Textos, Valencia.
3 Gilles Deleuze, 1987 (original French edition, 1986), Foucault, Paidós Studio, Barcelona.

media, la informática, la telemática y la robótica? Igual que las máquinas sociales pueden ser agrupadas bajo el título general de Equipamientos Colectivos, las máquinas tecnológicas de información y comunicación operan en el corazón de la subjetividad humana, no sólo dentro de su memoria e inteligencia, sino dentro de su sensibilidad, afectos y fantasmas inconscientes. El reconocimiento de estas dimensiones maquínicas de la subjetividad nos conduce a insistir, en nuestro intento de redefinición, en la heterogeneidad de los componentes conducentes a la producción de subjetividad" (1995: 4).

Para intentar explicar el uso que vamos a hacer del concepto de máquina es adecuado recordar que Guattari lo emplea en ocasiones de forma alternativa al de "agenciamiento":

"Llamaremos agenciamiento a toda constelación de singularidades y rasgos deducidos del flujo – sleccionados, organizados, estratificados – de tal modo que converjan (consistencia) artificial y naturalmente; un agenciamiento, en este sentido, es una verdadera invención." (Deleuze y Guattari, 2004: 448)[4].

"En un primer eje, horizontal, un agenciamiento comprende dos segmentos, uno de contenido, el otro de expresión. Por un lado, es un agenciamiento maquínico de cuerpos, de acciones y pasiones, una mezcla (intermigling) de cuerpos reaccionando entre sí; por el otro lado, es un agenciamiento colectivo de enunciación, de actos y discursos (enunciados), de transformaciones incorporales atribuidas a cuerpos. Luego en un eje vertical, el agenciamiento tiene dos lados territoriales, o lados reterritorializados, que lo estabilizan, y bordes de corte de desterritorialización que lo pueden llevar más allá." (2004: 98).

Mientras que los párrafos anteriores pertenecen a *Mille Plateaux* (1980), en *Chaosmose*, Guattari favorece el uso del concepto de máquina para tratar de la producción de subjetividad.

of subjectivity leads us to insist, in our attempt at redefinition, on the heterogeneity of the components leading to the production of subjectivity. (1995: 4).

To explain our use of the concept of machine, we should keep in mind that Guattari sometimes employed it as an alternative to "assemblage":

"We will call an assemblage every constellation of singularities and traits deducted from the flow - selected, organized, stratified - in such a way as to converge (consistency) artificially and naturally; an assemblage, in this sense, is a veritable invention". (Deleuze and Guattari, 2004: 448)[4].

"On a first, horizontal axis, an assemblage comprises two segments, one of content, the other of expression. On the one hand it is a machinic assemblage of bodies, of actions and passions, an intermingling of bodies reacting to one another; on the other hand, it is a collective assemblage of enunciation, of acts and statements, of incorporeal transformations attributed to bodies." (2004: 98)

While the paragraphs quoted above are taken from *A Thousand Plateaus* (1980), in *Chaosmosis* Guattari preferred to use the concept of machine when talking about the production of subjectivity.

He nevertheless proposes an alternative machine/ assemblages diagram based on four ontological functions, namely:
1/ Machinic Phylum;
2 / Incorporeal Universes of value;
3 / Energetico-spatio- temporal fluxes; and
4 / Existential territories (or chaosmic incarnation);
where the first two belong to the order of the possible (virtual) and the latter two belong to the order of the real; the first and third belong to the order of expre-ssion/discursive, and the second and fourth belong to the order of contents/ non-discursive (1995: 58-60, 124-126).

---

4 Gilles Deleuze, Félix Guattari, 2004 (translated by Brian Massumi; original French edition 1980), *A Thousand Plateaus, Capitalism and Schizophrenia*, Continuum, London

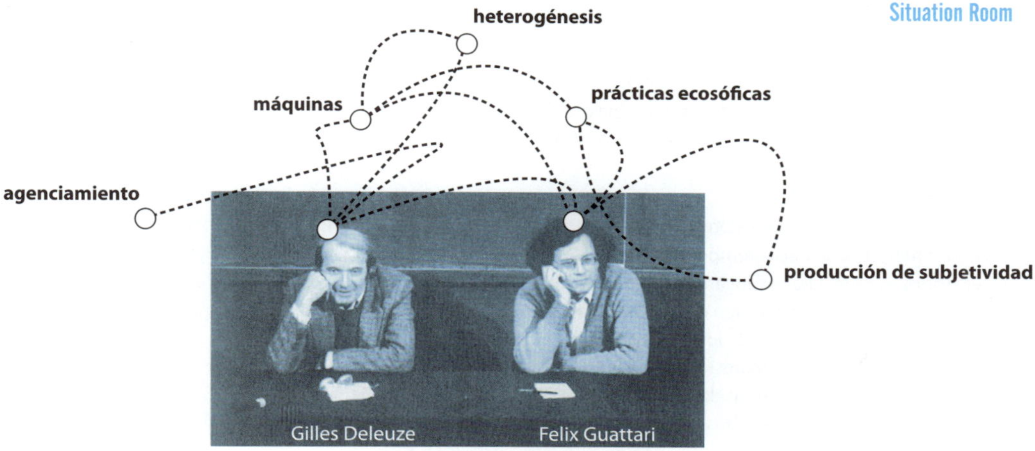

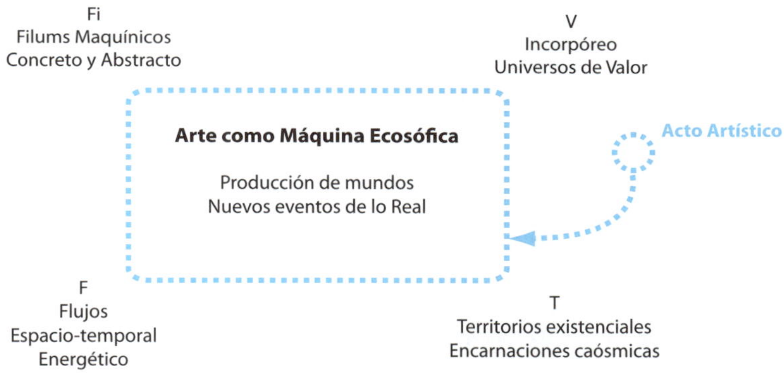

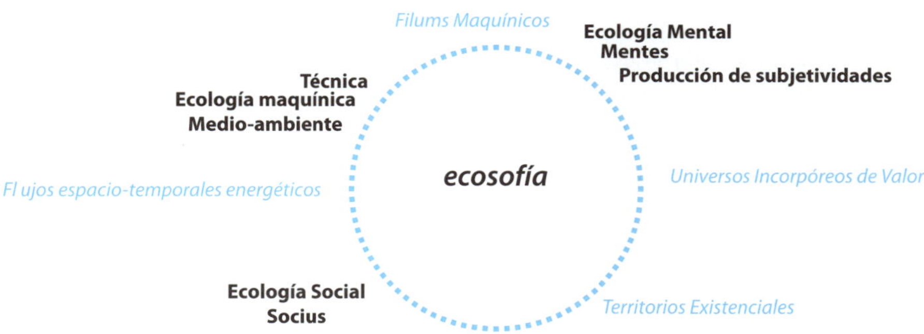

Diagramas sobre la ecosofía según Félix Guattari, Pérez de Lama, 2009

Aún así propone otro diagrama de las máquinas/agenciamientos, de sus cuatro funciones ontológicas, que serían:
1/ Filum maquínico;
2/ Universos incorporales de valores;
3/ Flujos energético-espacio-temporales;
4/ Territorios existenciales (o encarnación caósmica);
siendo los dos primeros del orden de lo posible (virtual) y los dos segundos del orden de lo real; el primero y el tercero del orden de la expresión/discursivos, y el segundo y el cuarto del orden del contenido/no discursivos (1995: 58-60, 124-126).

Si bien estas funciones pueden resultarnos un tanto abstractas, me parece indudable que resuenan poderosamente si pensamos, por ejemplo, en la arquitectura, que podemos interpretar sin salirnos en exceso de una interpretación tradicional como una composición de máquinas-tecnologías, valores, flujos y espacios. Igualmente ocurre con las prácticas artísticas que trascienden del objeto, como por ejemplo, las prácticas relacionales que presenta Nicolas Bourriaud en su *Estética Relacional* (2008)[5].

Guattari insiste en la afirmación del paradigma ético-estético, como oposición al científico o al económico-productivista propios del sistema capitalístico, para su metamodelización de la producción de subjetividad. Y sin embargo, tiende a aproximarse al arte –la música, la pintura- entendiéndolo de una forma más bien tradicional, como una experiencia limitada, que sitúa en el ámbito de los universos incorporales, en el de los universos de posibles, más que en el de los territorios reales.

El autor plantea el paralelismo entre la capacidad del objeto parcial lacaniano (rostro, boca) y el objeto artístico, como núcleo mutante de producción de subjetividad (1995: 18). El objeto o la creación artística produciría para Guattari situaciones en las que el artista, el espectador y la obra se compondríanpara producir un tiempo de carácter irreversible, como

While these functions may seem somewhat abstract, they take on a clear and powerful resonance if we think about architecture, for instance, which we could see as a composition of technologies, values, flows and spaces without straying far from traditional interpretations. The same could be said of artistic practices that transcend the object, such as the relational practices presented by Bourriaud in his *Relational Aesthetics* (2008)[5].

In his metamodelling of the production of subjectivity Guattari insists on affirming the ethical-aesthetic paradigm, as opposed to the scientific or economic-productive paradigm typical of the capitalist system. And yet he tends to approach art – music and painting – in a fairly traditional manner, seeing it as a limited experience that he positions in the sphere of "Incorporeal Universes," of possible universes, rather than real territories.

Guattari sees the parallelism between the capacity of Lacan's partial object (face, mouth) and the artistic object as a mutating core of the production of subjectivity (1995: 18). To Guattari, the artistic object or artistic creation produces situations in which the artist, spectator and work come together to produce an irreversible moment, as in when we attend a performance of a musical piece that moves us, in an experience that is not reproducible, and which has to do with becoming rather than with being (1995: 14-15, 19). This intensive experience opens us up to Universes of other possibibles, and triggers singular processes of subjectivity.

At the same time, in a text that specifically dealt with art, Guattari wrote:
"[...] art does not have a monopoly on creation, but it takes its capacity to invent mutant coordinates to extremes: it engenders unprecedented, unforeseen and unthinkable qualities of being. The decisive threshold constituting this new aesthetic paradigm lies in the aptitude of these processes of creation to auto affirm

5 Nicolas Bourriaud, 2008, Estética relacional, Adriana Hidalgo Editora, Buenos Aires.

cuando asistimos a una performance o a la interpretación de una pieza musical que nos conmueve, cuya experiencia no puede ser reproducida, que tiene que ver con el devenir y no con el ser (1995: 14-15, 19). Esta experiencia intensiva nos abre a otros universos de posibles, dispara procesos de subjetivación singulares.

Y a pesar de esto, Guattari escribía específicamente lo siguiente sobre el arte:
"[...] el arte no tiene un monopolio sobre la creación, pero lleva al extremo su capacidad de inventar coordenadas mutantes; engendra cualidades del ser sin precedentes, nunca antes vistas, impensables. El límite decisivo constituyente de este nuevo paradigma estético reside en la aptitud de estos procesos de creación de autoafirmarse como núcleos existenciales, como máquinas autopoiéticas" (Guattari, 1995: 106).

Nuestra propuesta sería entonces llevar al límite esta argumentación de Félix Guattari y tratar de llevar a cabo una práctica artística, que no se limite a la producción de objetos parciales que se relacionen predominantemente con espacios artísticos, sino que consista en la creación de máquinas que ensamblando formas de organización, tecnologías, espacios, cuerpos, deseos, etc. tendrían como resultado nuevos acontecimientos de lo real; una práctica artística cuya producción pudiera ser un centro social, el Euro May Day, una comunidad de producción de software libre, un laboratorio transfronterizo...

Cabría señalar finalmente, el carácter caósmico de las máquinas guattarianas, que podríamos comparar con la idea de máquinas de guerra en el *Tratado de nomadología*. Frente a la supuesta estabilidad de las estructuras, lo maquínico se produce en la interacción dinámica del caos y la ordenación inestable de la complejidad compuesta por los agenciamientos, situación que define el concepto la caósmosis. *"Un pliegue caósmico inicial consiste en hacer que coexistan los poderes del caos con aquellos de la más alta complejidad [...] La máquina, todas las especies de máquinas, está siempre en la unión de lo finito y lo infinito, en el punto de negociación entre complejidad y caos"* (1995: 110-111).

themselves as existential nuclei, auto-poetic machines. (Guattari, 1995: 106).

What we are proposing is to take this argument by Félix Guattari to the extreme, to try to engage in a form of artistic practice that goes beyond the production of partial objects which are predominantly linked to artistic space. Instead, this other form of artistic production consists of creating machines that, by assembling forms of organization, technologies, spaces, bodies, desires and so on, can result in new events of the real. A kind of artistic practice that can have as its output a social centre, Euro MayDay, a community for free software production, a crossborder laboratory....

Finally, it is worth taking into account the Chaosmic nature of Guattarian machines, which could be compared with the "war machines" described in Nomadology (2004). According to Guattari, in contrast to the supposed stability of structures, the machinic takes place in the dynamic interaction of chaos, and in the unstable organisation of the complexity arising from assemblages, which is what defines the concept of "chaosmosis." *"An initial chaosmic folding consists in making the powers of chaos co-exist with those of the highest complexity [...] The machine, every species of machine, is always at the junction of the finite and infinite, at his point of negotiation between complexity and chaos".* (1995: 110-111).

Ecosofía en la era postmedia

La ecosofía sería el segundo componente de nuestra propuesta. Según la enuncia Félix Guattari (1992), la ecosofía sería el resultado de la composición de tres ecologías, la ambiental o técnica, la social y la mental. La combinación de estas tres ecologías es para el autor la condición para la viabilidad de un desarrollo ecológico, imposible en el marco de las formas sociales y las subjetividades capitalísticas.

En cuanto a la ecología ambiental, Guattari afirma que tendrá que ser una ecología maquínica. *"Se podría perfectamente recalificar la ecología medioambiental de ecología maquínica, puesto que, tanto en el cosmos como en las praxis humanas, nunca se trata de otra cosa que de máquinas, y yo incluso osaría decir de máquinas de guerra"* (2000: 74).

Afirma Guattari que ya no es posible, ni deseable, pensar nuestra relación con el mundo físico sin la mediación de las redes maquínicas (entendidas ahora en su sentido más convencional); y a la vez, que el actual desarrollo científico-tecnológico es suficiente para resolver los grandes problemas del mundo, como son la alimentación, la paz, la energía. El autor constata:

"[...] por un lado, el desarrollo continuo de medios técnico-científicos, susceptibles potencialmente de resolver las problemáticas ecológicas dominantes y el reequlibrio de las actividades socialmente útiles sobre la superficie del planeta y, por otro, la incapacidad de las fuerzas sociales organizadas y de las formaciones subjetivas constituidas de ampararse de esos medios para hacerlos operativos" (Guattari, 2000: 14).

Se trata de dar un nuevo sentido a las máquinas, de construir otros agenciamientos a partir de los mismos componentes. En este aspecto Guattari era rotundamente optimista. En relación con la producción de subjetividad es conocida su argumentación sobre una era postmediática:

Ecosophy and the postmedia era

The second component of our proposal is ecosophy. According to Félix Guattari (1992), ecosophy results from the composition of three ecologies, the environmental or technical, the social and the mental. He argues that the combination of the three is a precondition for the viability of an ecological development, which is impossible when considered within the capitalistic framework.

As for environmental ecology, Guattari argues that it will have to be a machinic ecology. *"We might just as well rename environmental ecology machinic ecology, because Cosmic and human praxis has only ever been a question of machines, even, dare I say it, of war machines"* (2000: 74).

Guattari says that it is no longer either possible or desirable to conceive of our relationship with the physical world without the mediation of machinic networks (where the term is used here in its more conventional sense); and at the same time, that current scientific-technological development is enough to resolve the great problems of the world, such as food, peace and energy. He notes:

"[...] on the one hand, the continuous development of techno-scientific means to potentially resolve the dominant ecological issues and reinstate socially useful activities on the surface of the planet, and, on the other hand, the inability of organized social forces and constituted subjective formations to take hold of these resources in order to make them work" (Guattari, 2000: 14).

The idea is to give new meaning to machines, to build other assemblages based on the same or similar components. In this respect, Guattari was optimistic, at least in his writings. With regard to the production of subjectivity his arguments on a post-media war are well known:

Existe una actitud antimodernista que implica un rechazo masivo de la innovación tecnológica, particularmente en cuanto concierne a la revolución de la información. Es imposible juzgar tal evolución maquínica positiva o negativamente; todo depende de su articulación dentro de agenciamientos colectivos de enunciación *[...] Los desarrollos tecnológicos junto a la experimentación social en estos nuevos dominios son quizás capaces de hacernos salir del actual período de opresión e iniciar una era post-media caracterizada por la reapropiación y resingularización del uso de los media* (1995: 5).

Visionariamente, incluso antes de la emergencia de la WWW, Guattari previó la relevancia de las tecnologías de la información, la comunicación y las redes en la configuración del mundo contemporáneo, el horizonte de conflicto que hoy describimos como la necesidad de un devenir cíborg de la multitud (Hardt, Negri, 2004)[7]. Esta dimensión comunicativa de la tecnosfera, y en general la capacidad de producción de subjetividad de los sistemas maquínicos, conecta la ecología técnica con la ecología mental.

La ecología social[8], concepto propuesto por Murray Bookchin (2006), subraya la idea de que la relación entre biosfera y tecnosfera, nuestra interacción con el medio físico, mediada por las relaciones de producción, de saber y de poder, es necesariamente una cuestión social. *"La ecosofía social consistirá [...] en desarrollar prácticas específicas que tiendan a modificar y a reinventar formas de ser en el seno de la pareja, en el seno de la familia, del contexto urbano, del trabajo, etcétera"* (2000: 19). En otros pasajes Guattari incluye en este etcétera la reinvención social a mayores escalas como las de las instituciones, los estados, la geopolítica.

En tercer lugar, estaría la ecología mental, a la que Guattari dedica el mayor número de páginas en *Las tres ecologías*. La ecología mental trata de uno de los temas

There exists an anti-modernist attitude which involves a massive rejection of technological innovation, particularly as it concerns the information revolution. It's impossible to judge such a machinic evolution either positively or negatively; everything depends on its articulation within collective assemblages of enunciation *[...] Technological developments together with social experimentation in these new domains are perhaps capable of leading us out of the current period of oppression and into a post-media era characterised by the reappropriation and resingularization of the use of media.* (1995: 5).

In a visionary way, even before the emergence of the WWW, Guattari recognized the relevance of information, communication and network technologies in the configuration of contemporary world, the conflict scenario that we describe today as the need for a cyborg becomings of the multitude (Hardt, Negri, 2004)[7]. This communicative dimension of the technosphere, and in general the machinic systems' capacity to produce subjectivity, connects technical ecology with mental ecology.

Social ecology[8], a concept proposed by Murray Bookchin (2007), stresses the idea that the relationship between biosphere and technosphere, our interaction with the physical environment, mediated by the relations of production, knowledge and power, is necessarily a social issue. *"Social ecosophy will consist in developing specific practices that will modify and reinvent the ways in which we live as couples or in the family, in an urban context, or at work, etc".* (Guattari, 2000: 19), and one should add, of institutions, states and geo-politics.

Thirdly, there would be mental ecology, the type to which Guattari devotes the greatest number of pages in The Three Ecologies. Mental ecology deals with one of the central themes of his thinking, as is the production of subjectivity.

----

6 Michael Hardt, Antonio Negri, 2004, Multitude: War and Democracy in the Age of Empire, Hamish Hamilton - Penguin, New York.

7 Murray Bookchin, 2007, Social Ecology and Communalism,AK Press, Oakland

centrales de su pensamiento como es la producción de subjetividad.

Guattari pone el énfasis en la producción de subjetividad en lugar de en los sujetos. Defiende la idea de que la condición de sujeto no está dada, no preexiste como se entendía tradicionalmente en tanto que *"la última esencia de individuación, como una aprehensión pura, vacía pre-reflexiva del mundo, un núcleo de sensibilidad, de expresividad – un unificador de los estados de conciencia"* (1995: 22).

Estableciendo el carácter de la subjetividad como producción, una segunda cuestión es que esta producción no está centrada en el individuo, sino que es el resultado de la composición de múltiples y heterogéneos vectores de subjetivación que atraviesan a éstos. Grupos sociales, instituciones, máquinas, objetos parciales son o pueden ser instancias productoras de subjetividad. Frente a la homogeneización de universos de valores y territorios existenciales, correspondientes a la subjetividad normalizada del Capitalimo Mundial Integrado, Guattari propone la multiplicación de las singularidades como objeto último de la ecosofía, una ecología de la resingularización (2000: 71).

Finalmente, estaría la cuestión del paradigma estético. Si consideramos la subjetividad como producción y la singularidad como composición, cabe pensar que éstas sean objetos de creación, de invención; y que por tanto puedan tomar como modelo las prácticas artísticas.

Frente a otras instancias, - políticas, cotidianas, científicas, de los movimientos sociales, maquínicas... -, considera Guattari que la práctica artística tiene una mayor capacidad de producir mutaciones, de generar anomalías y rupturas, de inventar nuevos territorios existenciales, como decíamos antes, de *"engendrar cualidades del ser sin precedentes, nunca antes vistas, impensables"* (Guattari, 1995: 106).

Me parece razonable pensar, que lo que algunos autores denominan la condición biopolítica del presente, en la que el control sobre la producción de subjetividad

Guattari places the emphasis on the production of subjectivity rather than on the subjects. He defends the idea that the condition of subject is not given; it does not pre-exist as traditionally understood as *"the ultimate essence of individuation, as a pure, empty, prereflexive apprehension of the world, a nucleus of sensibility, of expressivity —the unifier of the states of consciousness"* (1995: 22) .

Based on this idea of subjectivity as production, a second issue is that this production does not centre on the individual, but is the result of the composition of multiple and diverse vectors of subjectivization running through it. Social groups, institutions, machines, partial objects are or can be instances that produce subjectivity. In opposition to the homogenisation of Universes of values and existential territories corresponding to the normalized subjectivity of Integrated World Capitalism, Guattari proposes that the object of ecosophy is the multiplication of singularity (2000: 71).

Finally, there is the question of the aesthetic paradigm. If we consider subjectivity as production and singularity as composition, we must presume that these are objects of invention and creation; and that therefore they can take artistic practices as one of their privileged models.

As opposed to other instances —political, everyday, scientific, those pertaining to social movements, machinic, etc.— Guattari, as we have already seen, considers that artistic practice has a greater capacity to produce mutations, to generate anomalies and breaks, to invent new existential territories, to *"engender conditions for the creation and development of unprecedented formation of subjectivity that have never been seen and never felt"* (Guattari, 1995: 106).

The bio-political condition of the present, one of the central features of which is a control over the production of subjectivity is one of the main reasons why Guattari concentrates on artistic practices, in their permanent capacity to reveal the strangeness

constituye uno de los elementos centrales, es una de las principales razones que hacen a Guattari fijarse en las prácticas artísticas, en su capacidad permanente de desvelar la extrañeza del mundo, de permanente desterritorialización, de creación constante de procesos de resingularización. Frente a la continua reapropiación de las creaciones colectivas por parte del sistema capitalístico, el paradigma estético presente el modelo de un proceso de desterritorialización-reterritorialización permanente, un proceso de resingularización constante.

Nuestra propuesta es, entonces, que las prácticas artísticas no sólo sean utilizadas como modelo para los agenciamientos procesuales del nuevo paradigma de producción de subjetividad, sino que las prácticas artísticas de vocación política dejen de pensarse a sí mismas como objetos parciales, capaces de inspirar procesos de producción de subjetividad en otros ámbitos que se consideran más reales, y que se piensen propiamente como prácticas ecosóficas, como generadoras de máquinas ecosóficas.

¿Cual sería la diferencia en este escenario entre una práctica artística y un movimiento social experimental, un centro social de nuevas generación o un proyecto hacker? No mucha. Quizás su capacidad de conectarse con la historia del arte y la cultura, la especificidad de algunas de sus herramientas, los lenguajes utilizados, el énfasis de sus protagonistas en la creación, la pasión por el juego, lo anómalo, la ficción, la paradoja, el placer, la permanente desterritorialización; en última instancia, la propia percepción como artistas de los y las que las llevan a cabo.

of the world, with its permanent deterritorialization, its constant creation of processes of resingularization. In opposition to the continuous reappropriation of collective creations by the capitalistic system, the aesthetic paradigm involves a process of permanent deterritorialization and reterritorialization, a process of constant resingularization.

Our proposal is therefore that artistic practices —with a political vocation— should stop seeing themselves as partial objects that limit themselves to inspiring processes for producing subjectivity in other areas considered to be more real, and that instead we should think of them as ecosophic practices, as generators of ecosophic machines.

What difference would there be in this scenario between an artistic practice and an experimental social movement, a new-generation social centre and hacker project? Not much. Of course there would be their capacity to connect with the history of art and culture, the specific circumstances of some of their tools, the languages used, their protagonists' emphasis on creation, a passion for play, anomaly, fiction, paradox, pleasure, permanent deterritorialization; ultimately, the very perception of those involved of themselves as artists.

WikiPlaza Paris, 2009

Hackitectura.net viene trabajando desde hace algunos años en un proyecto de máquina ecosófica urbana que denominamos WikiPlaza[7] . El proyecto se implementó en mayo de 2009 París, en la Plaza de la Bastilla, como parte de un festival de cultura digital titulado Future en Seine, y en septiembre de 2009 en Figueres, Girona, dentro del festival Ingrávid.

El concepto parte de una reinterpretación del territorio contemporáneo como agenciamiento de espacios, flujos maquínico/electrónicos y redes sociales. Un territorio que debe ser objeto de invención, y que a la vez es un espacio central del conflicto político actual.

El proyecto de la WikiPlaza consiste en un dispositivo en el que se ensambla un espacio arquitectónico, una serie de elementos tecnológicos (hardware, software, netware) y unas actividades y prácticas organizativas. Este agenciamiento lo consideramos una prótesis maquínica para potenciar la producción social del espacio público, orientándola en un sentido cooperativo, creativo y de exploración de relaciones emancipadoras entre sociedad y tecnologías. Los modelos del software y el conocimiento libre son referencias centrales. La metáfora del wiki propone un espacio público editable por una comunidad de ciudadanos y ciudadanas, en un marco de relaciones abierto y horizontal; un espacio que está en permanente tranformación, según las necesidades y deseos de sus habitantes.

---

5 El proyecto WikiPlaza Paris está liderado por Sergio Moreno de hackitectura.net, con la producción de Laura H. Andrade y la colaboración entre otros de Straddle3. WikiPlaza es un desarrollo de la propuesta ganadora del concurso internacional para la construcción de la Plaza de las Libertades, Sevilla (España), desarrollada por hackitectura.net en colaboración con José Morales, Sara de Giles y Esther Pizarro (2006). Cuenta con el apoyo de la Fundación Centro de Estudios Andaluces para el desarrollo de parte del software del sistema.

WikiPlaza Paris, 2009

For some years, *hackitectura.net* has been working on a project for an urban ecosophic machine that we call WikiPlaza[7]. The project was implemented in May 2009 in the Place de la Bastille in Paris, as part of a festival of digital culture entitled Future en Seine, and in September 2009 in Figueres, Girona, as part of the Ingravid Festival.

The concept is based on a reinterpretation of the contemporary territory as an assemblage of spaces, machinic/electronic fluxes and social networks; a territory that has to be the object of invention, and which at the same time is a central space in the current political conflict.

The WikiPlaza project consists of a device in which an architectural space is assembled, a series of technological elements (hardware, software, netware) and some organisational activities and practices.We view this assemblage as a machinic prosthesis for promoting the social production of the public space, orienting it in a cooperative and creative sense and in the sense of exploring emancipating relations between society and technologies. Models of free software and knowledge are central reference points. The Wiki is used as a metaphor for a public space that can be edited by a community of citizens, within a framework of open and horizontal relations; a space that is constantly being transformed in accordance with its inhabitants' needs and desires.

---

7 The WikiPlaza project is led by Sergio Moreno of hackitectura.net, with production by Laura H. Andrade and the collaboration of straddle3.net among others. WikiPlaza is a further development of a proposal that won the international competition for the construction of Plaza de las Libertades, Seville (Spain), developed by hackitectura.net in collaboration with José Morales, Sara de Giles and Esther Pizarro (2006). It has the backing of the Fundación Centro de Estudios Andaluces for the development of part of the software for the system.

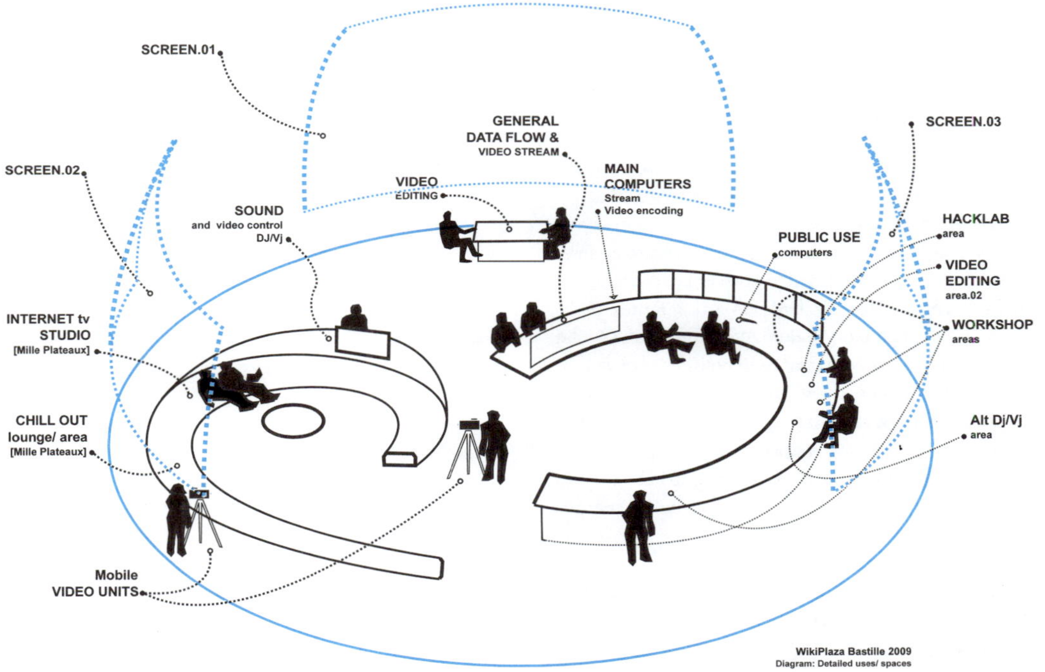

WikiPlaza Bastille 2009
Diagram: Detailed uses/ spaces

En La Rambla de Figueres se produjo, en cierto momento, la siguiente instancia: en la Sala de Situación en el interior de una cúpula geodésica un grupo de hackers tecleaba concentrado gestionando la emisión de vídeo por Internet; en la parte central de la cúpula tenía lugar una mesa redonda sobre las prácticas artísticas contemporáneas con la participación de sesudos y provocadores comisarios ante la presencia de un público atento y crítico; en el exterior de la cúpula, junto a la entrada, en torno a una larga mesa que se proyectaba hacia el centro del paseo, una pequeña multitud de niños y niñas inventaba y construía juguetes con elementos interactivos como parte de un taller de hardware libre; más allá de éstos, diversos grupos de personas mayores y paseantes varios observaban y comentaban con curiosidad lo que venía ocurriendo estos días en la plaza. A lo largo de los diferentes días, tanto en París como en Figueres, las situaciones se iban sucediendo en configuraciones diferentes y nuevas. Al final de cada uno de los eventos, los espacios se habían vivido con una intensidad singular y nueva, entre otras razones, porque muchos habían sido protagonistas de los sucesos más o menos extraños que habían acontecido en la hibridación en tiempo real de cuerpos, máquinas y ciudad.

Actualmente, trabajamos en el desarrollo de la WikiPlaza como arquitectura FLOS (Free Libre Open Source), partiendo del diseño modular de los elementos/ actividades que componen la WikiPlaza. Llamamos matriz de usos a este sistema de módulos. La idea es que cada uno de los diferentes módulos – Plató de TV, Open Medialab, Open Performance, Talleres de tecnología con niños, Cartografía participativa... - se desarrollen con una combinación de licencias GPL y Creative Commons, manuales y protocolos, de forma que colectivos, centros educativos, sociales y culturales, puedan apropiarse de cada uno los módulos y de la matriz en su conjunto, y de acuerdo con las libertades del software libre, usarlos, leer su código, modificarlos y redistribuirlos con una licencia similar.

El objetivo es que la matriz se convierta en un bien común, que pueda ir creciendo y enriqueciéndose con el

The next event was held at a certain point in time on the Rambla in Figueres: In the Situation Room inside a geodesic dome, a group of hackers keyed away furiously, managing the broadcast of video over the Internet; at the centre of the dome there was a round table discussion on contemporary artistic practices featuring some boffins and some provocative curators with an attentive and critical audience; outside the dome, next to the entrance, around a long table extending out into the middle of the footpath, a small crowd of children invented and built toys with interactive elements as part of a free hardware workshop; beyond them, various groups of elderly people and other passers-by looked on commenting with interest on what was going on in the square. In both Paris and in Figueres, over the various days, the situations were repeated in new and different configurations. When each of the events ended, the spaces had been experienced with a new and singular intensity, among other reasons, because many played a central role in the more or less bizarre events that had happened in the real-time hybridisation of bodies, machines and city.

We are currently working on the development of the WikiPlaza as FLOS (Free Libre Open Source) architecture, starting with a modular design of the elements/ activities making up the WikiPlaza. We call this system of modules a matrix of uses.The idea is that each of the different modules —TV Studio, Open Medialab, Open Performance, technology workshops with children, participative cartography, etc.— should be organised with a combination of GPL and Creative Commons licences, manuals and protocols, so that groups, schools and social and cultural centres, can appropriate each of the modules and the matrix as a whole, and according to the freedoms provided by free software, can use them, read their code, modify it and redistribute it with a similar licence.

The goal is for the matrix to become a common good, which can gradually grow and be augmented with the work of the community of users and developers, taking multiple different forms and generating a distributed

at this awards ceremony
we won't pay a

LOI HADOPI

trabajo de la comunidad de usuarios y desarrolladores, encarnándose en múltiples declinaciones, y generando una red distribuida de espacios públicos que funcionen como laboratorios de cooperación social y tecnológica.

Nos siguen atrayendo la pintura, el cine, la instalación, la performance, el vídeo, el net-art... No podríamos renegar de estas prácticas y a la vez defender la multiplicación de singularidades. Pensamos, sin embargo, que en el contexto del biopoder y la sociedad de control, el arte que desee desafiar de forma relevante el status quo y producir mundos verdaderamente otros, debe esforzarse en experimentar con nuevos ensamblajes de cuerpos, relaciones sociales, espacios, tecnologías, subjetividades; con lo maquínico, - según Guattari.

José Pérez de Lama es Dr. Arquitecto. Profesor Ayudante Doctor del Departamento de Historia, Teoría y Composición Arquitectónicas de la Universidad de Sevilla. Autor del libro "Devenires cíborg. Arquitectura, urbanismo y redes de comunicación" (Universidad de Sevilla, 2006).

La presente, es la versión 1.2 de este texto. La versión 1.0 fue publicada en italiano como: José PÉREZ DE LAMA aka Osfa, 2009, L'arte come macchina ecosofica. Guattari oltre Guattari, en: Marco Baravalle, 2009 (editor), L'Arte della Sovversione, Manifestolibri Uninomade, Roma; pp: 119-132. La versión 1.1 se publicó con el título de Arte como máquina ecosófica. Guattari en la WikiPlaza, en Zehar núm. 66 - enero 2010, Gipuskoako Foru Aldundia - Arteleku, Donostia-San Sebastián, pp: 69-78 [castellano, eukera, inglés].

network of public spaces that operate as laboratories of social and technological co-operation.

We are still attracted to painting, cinema, installations, performance, video, net-art... We couldn't disallow this practices and at the same time defend the multiplication of singularities. We do think, however, that in the context of biopower and the society of control, an artistic practice that wants to challenge the satus quo in a relevant way, and to produce truly new worlds, has to focus on the experimentation with new assemblages of bodies, social relations, spaces, technologies, subjectivities; with the machinic, - according to Guattari.

José Pérez de Lama is Dr. Architect. Assistant Professor Doctor, Department of History, Architectural Theory and Composition at the University of Seville. Author of "becomings cyborg. Architecture, planning and communication networks "(University of Sevilla, 2006).

Carta por la Innovación, la Creatividad y el Acceso al Conocimiento

Los derechos humanos de ciudadanos y artistas en la era digital

Con la cada vez mayor complejidad en la gestión de la vida y el avance imparable de la digitalización a escala global, las salas de situación continuarán siendo en las próximas décadas una de las tipologías definitorias de la contemporaneidad. Desde las salas de situación se gestionará la salvaguarda o la destrucción de la Tierra, y la colonización del espacio exterior. ¿Cómo sacar de las sombras estos centros y mecanismos de toma decisiones y hacerlos transparentes? ¿Cómo hacerlos públicos y auditables? ¿Cómo hacerlos participativos? ¿Cómo distribuir el poder que concentran?

With the growing complexity of life management and the unstoppable advance of digitalization on a global scale, over the coming decade situation rooms will continue to be one of the defining typologies of contemporaneity. Situation rooms will be used to manage the safeguarding or destruction of the Earth, and the colonisation of outer space. How can these centres and decision-making mechanisms be taken out of the shadows and made transparent? How can they be made public and subject to auditing? How can they be made participative? How do we distribute the power concentrated within them?